Abdel...

Les machines à vecteurs supports dans l'analyse des bases de données

Abdelhamid Djeffal

Les machines à vecteurs supports dans l'analyse des bases de données

Techniques d'accélération pour l'analyse des grandes bases de données.

Presses Académiques Francophones

Mentions légales / Imprint (applicable pour l'Allemagne seulement / only for Germany)
Information bibliographique publiée par la Deutsche Nationalbibliothek: La Deutsche Nationalbibliothek inscrit cette publication à la Deutsche Nationalbibliografie; des données bibliographiques détaillées sont disponibles sur internet à l'adresse http://dnb.d-nb.de.

Photo de la couverture: www.ingimage.com

Editeur: Presses Académiques Francophones est une marque déposée de Südwestdeutscher Verlag für Hochschulschriften GmbH & Co. KG
Heinrich-Böcking-Str. 6-8, 66121 Sarrebruck, Allemagne
Téléphone +49 681 37 20 271-1, Fax +49 681 37 20 271-0
Email: info@presses-academiques.com

Produit en Allemagne:
Schaltungsdienst Lange o.H.G., Berlin
Books on Demand GmbH, Norderstedt
Reha GmbH, Saarbrücken
Amazon Distribution GmbH, Leipzig
ISBN: 978-3-8381-7002-2

Imprint (only for USA, GB)
Bibliographic information published by the Deutsche Nationalbibliothek: The Deutsche Nationalbibliothek lists this publication in the Deutsche Nationalbibliografie; detailed bibliographic data are available in the Internet at http://dnb.d-nb.de.

Cover image: www.ingimage.com

Publisher: Presses Académiques Francophones is an imprint of the publishing house Südwestdeutscher Verlag für Hochschulschriften GmbH & Co. KG
Heinrich-Böcking-Str. 6-8, 66121 Saarbrücken, Germany
Phone +49 681 37 20 271-1, Fax +49 681 37 20 271-0
Email: info@presses-academiques.com

Printed in the U.S.A.
Printed in the U.K. by (see last page)
ISBN: 978-3-8381-7002-2

Table des matières

III

Liste des figures

Liste des tables

Chapitre 1

Introduction générale

La construction de machines capables d'apprendre automatiquement à partir des expériences accumulées, constituait depuis bien longtemps une préoccupation des chercheurs en intelligence artificielle et les techniques développées, dans ce sens, ne cessent de se poursuivre. Le besoin à de telles techniques se justifie par le fait que plusieurs tâches et problèmes ne peuvent être résolus par les techniques classiques de programmation à cause de la difficulté, voire l'impossibilité, d'établir des modèles mathématiques qui peuvent les décrire. Les exemples sont flagrants : les informaticiens ne peuvent jusqu'à maintenant écrire un programme capable de reconnaître un texte manuscrits à cause de l'absence d'un modèle mathématique pouvant modéliser ses caractères, et sur le même raisonnement reconnaître un gène dans une séquence d'ADN, reconnaître les objets dans une image, ...etc.

C'est dans ce contexte que s'est développée, dans les deux dernières décennies, la méthode des machines à vecteurs supports appelée aussi machines à vaste marge (SVM). Cette méthode dérive de l'apprentissage statistique, un fondement théorique solide contrairement à son ancêtre les réseaux de neurones. Durant les années 90, la méthode SVM a connu un progrès très intéressant dans son principe, son implémentation et son extension aux problèmes multiclasses. Durant la dernière décennie, les recherches ont été concentrés sur l'adaptation de la méthodes à des problèmes particuliers tel que la détection des nouveautés et le clustering ainsi que sur l'amélioration de ses performances (optimisation et parallélisation) et son application dans différents domaines tels que l'imagerie, le son, les banques, la biologie, ... etc.

La méthode SVM appartient à une classe de méthodes dite méthodes des noyaux, qui consistent à projeter les données qui sont non linéairement séparables dans un autre espace de dimension plus élevée où elles peuvent le devenir. La méthode SVM développée par Vladimir Vapnik, se base sur le principe de risque structurel qui lui confère un pouvoir fort de généralisation [149]. La minimisation du risque structurel permet d'éviter le phénomène de sur-apprentissage des données à la convergence du processus d'apprentissage.

De ce fait, plusieurs applications ont connu un réel succès avec l'utilisation des SVMs. On peut citer la reconnaissance de l'écriture manuscrite, la reconnaissance des visages, le diagnostic des maladies, la planification financière, ...etc.

Parallèlement au développement de la méthode SVM, les moyens de stockage ont connu une forte croissance. Il est familier aujourd'huit de voir des disques dur qui atteignent des téraoctets. Ces grandes capacités ont permis aux systèmes dans les banques, les supermarchés, les laboratoires d'analyse médicale, le web, ...etc, de stocker de grandes quantités d'informations qui peuvent être analysées pour acquérir une meilleure connaissance de l'information pour des tâches telles que la prise de décision. Cependant, avec de telles énormes quantités de données, la recherche des informations pertinentes est devenus très complexe et très couteuse. Le data mining (ou la fouille de données) est devenu un domaine de recherche très actif qui vise à répondre à cette problématique. Le data mining suit un processus composé de plusieurs étapes pour rechercher les informations pertinentes dans les grades quantités d'informations (figure 1.1).

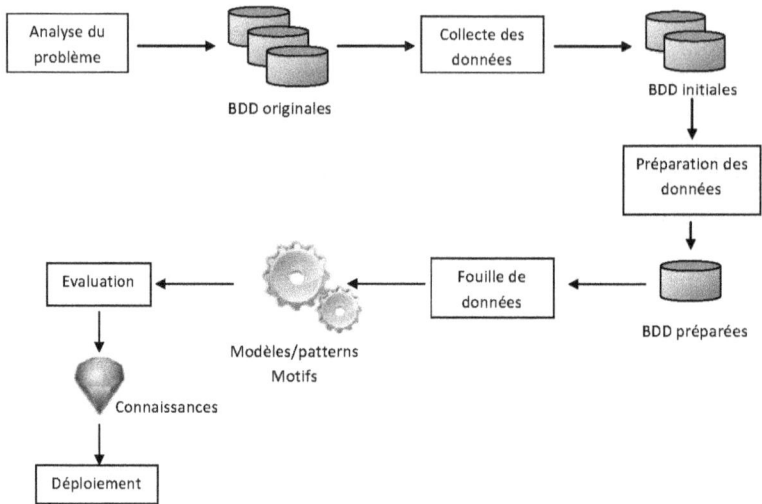

FIGURE 1.1 – Processus de data mining

Le data mining commence par l'analyse et la compréhension du problème posé et la détermination des objectifs souhaités. Ensuite, on collecte les données nécessaires pour la résolution du problème, pour entamer une phase de préparation de ces données à l'analyse. Une fois les données préparées, l'étape d'analyse permet d'en extraire les informations. L'étape d'évaluation permet de juger la pertinence des informations extraites, si elles sont satisfaisantes, elles sont utilisées pour la résolution du problème initial.

Dans chacune des phases du processus de data mining, les bases de données représentent des supports de stockage des données traités ou des informations extraites . La manipulation et l'analyse de ces bases de données jouent un rôle crucial dans les performance du processus de data mining.

Plus particulièrement, l'apprentissage artificiel permet de résoudre beaucoup de problèmes posés dans les différentes étapes du processus de data mining. Et plus particulièrement, parmi les méthodes d'apprentissage, les SVMs ont attiré, dès leur apparition, l'attention des experts en data mining. Elles ont pu occuper le premier rang parmi les outils d'analyse dans plusieurs niveaux et plusieurs types d'analyse. Leur intégration dans les systèmes de gestion des bases de données est devenue une demande urgente des utilisateurs.

1.1 Problématique

Les machines à vecteurs supports ont été développées dans un contexte mathématique qui ne prend pas en compte les caractéristiques et les besoins des bases de données. Leur utilisation, pour l'analyse de ces dernières, est confrontée à plusieurs problèmes :
- Les bases de données utilisent les données symboliques sur lesquelles les calculs arithmétiques ne sont pas significatifs tandis que les SVMs se basent dans, leur origine, sur des

calculs arithmétiques (produit scalaire). L'utilisation des SVMs dans ce contexte, nécessite le développement d'outils permettant la prise en charge de ce type d'attributs,

– Les bases de données à analyser sont généralement de grandes tailles (de l'ordre de quelques millions) et les algorithmes d'implémentation des SVMs sont actuellement de complexité quadratique et nécessitent le développement des techniques permettant d'accélérer les algorithmes d'apprentissage sans diminuer la précision des SVMs.

– Les tâches d'analyse des bases de données demandées sont diverses : classification, régression, clustering, apprentissage semi-supervisé, tandis que les SVMs sont, dans leur origine, pour la classification binaire. L'extension des SVMs pour couvrir ces tâches est l'une des préoccupations de la recherche actuelle dans ce domaine.

– La méthode SVM utilise un certain nombre de paramètres qui sont actuellement définis d'une façon empirique non optimisée. L'automatisation du calcul de ces paramètres à partir des données à analyser est d'une grande importance vue qu'elle augmente leur précision et facilite leur utilisation.

– L'analyse des bases de données par SVMs peut se faire en "live" par l'intégration de ces dernières dans les Systèmes de Gestion des Bases de Données (SGBD). Cette intégration doit premièrement profiter des outils avancées des SGBDs tels que les requêtes, les méthodes accès et les calculs optimisés. Deuxièmement, elle doit se faire selon le jargon utilisé dans les SGBDs basé sur le langage SQL et les langages de programmation.

L'objectif de ce travail de thèse est d'étudier les possibilités d'utilisation des machines à vecteurs supports pour l'analyse des bases de données dans les différents niveaux du processus de data mining, d'éclairer les problèmes qui en débouchent et d'apporter les éventuelles solutions.

1.2   Contributions

Nous avons évoqué dans cette thèse plusieurs utilisations possibles des SVMs dans l'analyse des bases de données. Chaque utilisation peut être l'objet d'une recherche approfondie pour son adaptation et optimisation. Notre principale contribution dans cette thèse se concentre sur l'accélération des machines à vecteurs supports pour l'analyse des grandes bases de données. Nous la résumons en les points suivants :

– La proposition d'une méthode d'accélération de l'apprentissage par SVM des grandes bases de données appelée CB-SR (*Covering Based Samples Reduction*) [40]. Cette contribution se base sur la remarque que le nombre d'exemples qui influencent le résultat final d'apprentissage SVM est très réduit par rapport au nombre total d'exemples. Elle consiste à filtrer les exemples avant de passer à l'apprentissage ce qui permet une accélération importante de l'entrainement. Cette méthode repose sur le principe de couverture utilisant l'idée des hyperplans de la méthode SVM, mais dans un contexte local pour vérifier l'influence des exemples sur l'hyperplan final.

– La proposition d'une méthode optimisée pour l'apprentissage SVM multiclasse appelée OCBM-SVM (*One Class Based Multiclass SVM*) [41]. Cette méthode propose l'utilisation d'une version monoclasse modifiée de la méthode SVM monoclasse pour le cas multiclasse. Une astuce de décalage des hyperplans obtenus par la méthode SVM monoclasse permet d'obtenir des modèles ayant une précision pareille à celles des méthodes multiclasse utilisant les SVMs binaires. Les expérimentations effectuées sur des données artificielles et réelles montrent l'efficacité de la méthode proposée pour l'optimisation du temps d'entrainement, de classification et de la taille du modèle obtenu tout en préservant la précision obtenue par des méthodes similaires.

– Une utilisation des SVMs dans l'analyse des bases de données sonores appliquée sur une calculatrice vocale. L'entrainement est effectuée sur une base contenant des échantillon de chaque voix utilisée par la calculatrice. Ces échantillons sont analysés et transformés en une base de caractéristiques contenant les caractéristiques statistiques essentielles de chaque voix. La méthode SVM est ensuite utilisée pour apprendre un modèle de décision multiclasses permettant de reconnaitre toute nouvelle voix. La calculatrice vocale utilise ce modèle pour reconnaitre les commandes à partir des voix et les exécuter.

– Une utilisation des SVMs pour l'analyse des bases de données d'images appliquée sur le tri des dattes. Le système proposé, utilise une base de données contenant les caractéristiques visuelles des dattes obtenues à partir de leurs images, pour apprendre un modèle de décision SVM. Ce modèle est utilisé pour trier les nouvelles images des dattes.

– Une utilisation des SVMs pour l'analyse des bases de données d'images appliquée à la reconnaissance des caractères manuscrits arabes. Dans cette application, les caractéristiques structurelles des différents caractères arabes sont obtenus après une analyse d'une base de donnée des images des différentes formes des caractères manuscrits arabes. La base des caractéristiques structurelles est utilisée pour apprendre un modèle de décision SVM multiclasses, utilisé à son tour pour transformer des pages manuscrites en des fichiers numériques de caractères arabes.

1.3 Organisation de la thèse

Ce manuscrit est organisé en deux parties. La première partie composée des chapitres 2 et 3 présente un état de l'art sur la méthode SVM, le data mining et l'utilisation des SVMs pour l'analyse des bases de données. La deuxième partie, comprenant trois chapitres, présente nos contributions pour l'amélioration de l'utilisation des SVMs pour l'analyse des bases de données dans le processus de data mining, ainsi que quelques applications de la méthode SVM.

Le manuscrit est composé, essentiellement, de cinq principaux chapitres :

– **Chapitre 2 :** Ce chapitre rappelle, en premier, le fondement théorique de la méthode SVM binaire basée sur l'apprentissage statistique. L'extension des SVMs binaires au cas multi-classe est ensuite discutée avec les différentes variantes. Nous décrivons aussi, la méthode SVM monoclasse, largement utilisée pour la détection des données étranges (outliers) et les problèmes de clustering. Nous exposons, entre autre, la variante SVR utilisé pour la régression, puis, nous détaillons les techniques utilisées pour l'implémentation et l'optimisation de la méthode SVM.

À la fin du chapitre, nous présentons les techniques d'évaluation des modèles de décision obtenus par la méthode SVM le réglage de leurs différents paramètres.

– **Chapitre 3 :** Ce chapitre est composé de deux volés. Le premier concerne la présentation de l'analyse des bases de données en data mining et le deuxième concerne l'utilisation des SVMs pour résoudre les différents problèmes rencontrés dans cette analyse. Dans la phase de préparation, nous discutons l'utilisation de la méthode SVM pour résoudre les problèmes de lissage, de nettoyage, de réduction horizontale et verticale des données. Dans la phase d'extraction des connaissances, nous discutons l'utilisation des SVMs pour résoudre des problèmes de classification, de régression, de clustering et de renforcement.

À la fin du chapitre, nous discutons le problème d'intégration des SVMs dans les SGBDs et nous présentons l'exemple du système Oracle.

– **Chapitre 4 :** Dans ce chapitre, nous présentons une première contribution dans laquelle, nous proposons une méthode appelée *"Covering Bases Samples Reduction (CB-SR)"* pour l'accélération de la méthode SVM. La méthode se base sur un principe de couverture pour réduire le nombre d'exemples présentés à l'apprentissage SVM sans diminuer de la précision du modèle appris. Les résultats obtenus et leur comparaison à des travaux similaires ainsi que la discussion des différents paramètres utilisés, sont présentés à la fin du chapitre.

– **Chapitre 5 :** Notre deuxième contribution est présentée dans ce chapitre. Il s'agit de la proposition d'une méthode appelée *"One Classe Based Multiclasse SVM (OCBM-SVM)"* qui permet d'étendre la méthode SVM monoclasse au cas multiclasses. Une comparaison analytique et expérimentale de la méthode proposée aux méthodes similaires et aux méthodes étendant la méthode SVM binaire au cas multiclasses, est également présenté dans ce chapitre.

– **Chapitre 6 :** Ce chapitre présente trois applications de la méthode SVM dans des domaines différents.

  – La première application étudie l'utilisation de la méthode SVM dans l'analyse des bases de données vocales, en prenant l'exemple d'une calculatrice vocale.
  – La deuxième application étudie l'utilisation des SVM pour la reconnaissance des images en prenant l'exemple de tri des dattes.
  – La troisième application étudie l'utilisation des SVMs pour la reconnaissance off-line des caractères manuscrits arabes.

  Les résultats obtenus sur des exemples réels, sont présentés et discutés dans chacune de ces applications.

Enfin, nous concluons ce mémoire par le chapitre 7, dans lequel nous dressons le bilan de nos contributions dans cette thèse, et présentons nos perspectives de recherche.

Première partie

État de l'art

Chapitre 2

Machines à vecteur support

2.1 Introduction

Les machines à vecteur support se situent sur l'axe de développement de la recherche humaine des techniques d'apprentissage. Les SVMs sont une classe de techniques d'apprentissage introduite par Vladimir Vapnik au début des années 90 [26, 60], elles reposent sur une théorie mathématique solide à l'inverse des méthodes de réseaux de neurones. Elles ont été développées au sens inverse du développement des réseaux de neurones : ces derniers ont suivi un chemin heuristique de l'application et l'expérimentation vers la théorie ; alors que les SVMs sont venues de la théorie du son vers l'application. Les SVMs sont dans leur origine utilisées pour la classification binaire et la régression. Aujourd'hui, elles sont utilisées dans différents domaines de recherche et d'ingénierie tel que le diagnostic médical, le marketing, la biologie, la reconnaissance de caractères manuscrits et de visages humains. Le présent chapitre introduit les machines à vecteur support, leurs origines théoriques, leurs différentes formes et leur optimisation. Le chapitre est organisé comme suit : il commence par introduire la relation entre l'apprentissage et les SVMs. Nous verrons ensuite la forme originale des SVMs : le cas binaire, puis le cas multiclasse. Les sections qui suivent sont consacrées aux variantes les plus connues des SVMs tel que la régression et les SVMs monoclasse. Les algorithmes d'implémentation sont ensuite présentés et leurs méthodes d'évaluation sont présentées dans la dernière section du chapitre.

2.2 Apprentissage statistique

La théorie d'apprentissage statistique étudie les propriétés mathématiques des machines d'apprentissage [149]. Ces propriétés représentent les propriétés de la classe de fonctions ou modèles que peut implémenter la machine. L'apprentissage statistique utilise un nombre limité d'entrées (appelées exemples) d'un système avec les valeurs de leurs sorties pour apprendre une fonction qui décrit la relation fonctionnelle existante, mais non connue, entre les entrées et les sorties du système.

On suppose premièrement que les exemples d'apprentissage, appelés aussi exemples d'entrainement, sont générés selon une certaine probabilité inconnue (mais fixe) c'est-à-dire indépendants et identiquement distribués (iid). C'est une supposition standard dans la théorie d'apprentissage. Les exemples sont de dimension m ($\in \Re^m$) et dans le cas d'apprentissage supervisé, accompagnés d'étiquettes caractérisant leurs types ou classes d'appartenance. Si ces étiquettes sont dénombrables, on parle de classification sinon on parle de régression. Dans le cas d'une classification binaire cette étiquette est soit +1 ou -1. L'ensemble des exemples et leurs étiquettes correspondantes est appelés ensemble d'apprentissage.

Une machine efficace d'apprentissage est une machine qui apprend de l'ensemble d'entrainement une fonction qui minimise les erreurs de classification sur l'ensemble lui même.

Soit $D = \{(x_1, y_1), .., (x_n, y_n)\}$ l'ensemble des exemples d'entrainement, avec $x_i \in \Re^m$ et

$y_i = \pm 1$, et soit $f(x)$ la fonction apprise par la machine d'apprentissage. On appelle le risque empirique $R_{emp}[f]$ le taux d'erreurs effectuées par la fonction f sur l'ensemble d'entrainement D.

$$R_{emp} = \frac{1}{n} \sum_{i=1}^{n} L(y_i, f(x_i))$$
avec,
$$L = \left\{ \begin{array}{ll} 1 & \text{si} \quad y_i = f(x_i) \\ 0 & \text{sinon} \end{array} \right.$$

(2.1)

Puisque l'ensemble D ne représente qu'une simple partie de tout l'espace d'exemples, la fonction apprise f, qui minimise le risque empirique, peut se comporter mal avec les nouveaux exemples non vus à l'entrainement. C'est un phénomène très connu en apprentissage automatique appelé le sur-apprentissage ou apprentissage par cœur. Pour garantir que f, prenne en charge même les exemples non jamais vus, il faut contrôler sa *capacité de généralisation* mesurée souvent sur un autre ensemble d'exemples appelé ensemble de test réservé uniquement pour tester la machine apprise. La fonction f recherchée doit donc minimiser les erreurs de classification sur les deux ensembles : d'entrainement et de test.

Trouver la fonction optimale f revient toujours à un problème d'optimisation, ce qui explique la forte relation entre l'apprentissage et l'optimisation. Avant de rechercher la fonction f, il faut définir son type puis rechercher ses paramètres.

Dans le cas des machines à vecteur support, la fonction recherchée est de forme linéaire. Les SVMs sont, donc, des systèmes d'apprentissage qui utilisent un espace d'hypothèses de fonctions linéaires dans un espace de caractéristique à haute dimension. Cette stratégie d'apprentissage introduite par Vapnik et ses co-auteurs [150] est une méthode très puissante. Elle a pu, en quelques années depuis sa proposition, conquérir la plupart des autres systèmes d'apprentissage dans une grande variété de domaines d'application.

2.3 SVMs binaires

Le cas le plus simple est celui où les données d'entrainement viennent uniquement de deux classes différentes (+1 ou -1), on parle alors de classification binaire. L'idée des SVMs est de rechercher un hyperplan (droite dans le cas de deux dimensions) qui sépare le mieux ces deux classes (figure 2.1).

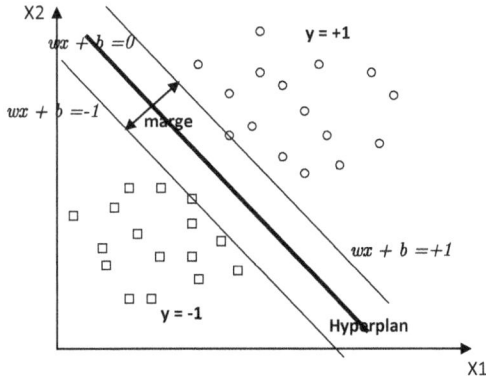

FIGURE 2.1 – SVM binaire

Si un tel hyperplan existe, c'est-à-dire si les données sont linéairement séparables, on parle d'une machine à vecteur support à marge dure (Hard margin).

2.3.1 SVM à marge dure

L'hyperplan séparateur est représenté par l'équation (2.2) suivante :

$$H(x) = w^T x + b \tag{2.2}$$

Où w est un vecteur de m dimensions et b est un terme. La fonction de décision, pour un exemple x, peut être exprimée comme suit :

$$\begin{cases} \text{Classe} = 1 & \text{Si} \quad H(x) > 0 \\ \text{Classe} = -1 & \text{Si} \quad H(x) < 0 \end{cases} \tag{2.3}$$

Puisque les deux classes sont linéairement séparables, il n'existe aucun exemple qui se situe sur l'hyperplan, c-à-d qui satisfait $H(x) = 0$. Il convient alors d'utiliser la fonction de décisions suivante :

$$\begin{cases} \text{Classe} = 1 & \text{Si} \quad H(x) > 1 \\ \text{Classe} = -1 & \text{Si} \quad H(x) < -1 \end{cases} \tag{2.4}$$

Les valeurs +1 et -1 à droite des inégalités peuvent être des constantes quelconques +a et -a, mais en divisant les deux parties des inégalités par a, on trouve les inégalités précédentes qui sont équivalentes à l'équation (2.5) :

$$y_i(w^T x_i + b) \geq 1, i = 1..n \tag{2.5}$$

L'hyperplan $w^T x + b = 0$ représente un hyperplan séparateur des deux classes, et la distance entre cet hyperplan et l'exemple le plus proche s'appelle la marge (figure 2.1). La région qui se trouve entre les deux hyperplans $w^T x + b = -1$ et $w^T x + b = +1$ est appelée la région de généralisation de la machine d'apprentissage. Plus cette région est importante, plus est la capacité de généralisation de la machine. La maximisation de cette région est l'objectif de la phase d'entrainement qui consiste, pour la méthode SVM, à rechercher l'hyperplan qui maximise la région de généralisation c-à-d la marge. Un tel hyperplan est appelé *"hyperplan de séparation optimale"*. En supposant que les données d'apprentissage ne contiennent pas des données bruitées (mal-étiquetées) et que les données de test suivent la même probabilité que celle des données d'entraînement, l'hyperplan de marge maximale va certainement maximiser la capacité de généralisation de la machine d'apprentissage.

La détermination de l'hyperplan optimal passe par la détermination de la distance euclidienne minimale entre l'hyperplan et l'exemple le plus proche des deux classes. Puisque le vecteur w est orthogonal sur l'hyperplan séparateur, la droite parallèle à w et reliant un exemple x à l'hyperplan est donnée par la formule (2.6) :

$$\frac{aw}{\|w\|} + x = 0 \tag{2.6}$$

Où a représente la distance entre x et l'hyperplan. La résolution de (2.6), donne (2.7) :

$$a = -\frac{w^T x + b}{\|w\|} \tag{2.7}$$

La distance de tout exemple de l'hyperplan doit être supérieure ou égale à la marge δ :

$$\frac{y_i(w^T x_i + b)}{\|w\|} \geq \delta \tag{2.8}$$

Si une paire (w, b) est une solution alors (aw, ab) est une solution aussi où a est un scalaire. On impose alors la contrainte (2.9) suivante :

$$\|w\| \delta \geq 1 \tag{2.9}$$

Pour trouver l'hyperplan séparateur qui maximise la marge, on doit déterminer, à partir des deux dernières inégalités, le vecteur w qui possède la norme euclidienne minimale et qui vérifie la contrainte de l'équation (2.5), de bonne classification des exemples d'entraînement. L'hyperplan séparateur optimal peut être obtenu en résolvant le problème de l'équation (2.10) :

$$\begin{cases} \text{Minimiser} & \frac{1}{2}\|w\|^2 \\ \text{sous} \quad \text{contraintes} & \\ y_i(w^T x_i + b) \geq 1 & \forall i = 1..n \end{cases} \tag{2.10}$$

Remarquons que nous pouvons obtenir le même hyperplan même en supprimant toutes les données qui vérifient l'inégalité de la contrainte. Les données qui vérifient l'égalité de la contrainte s'appellent les vecteurs supports, et ce sont ces données seules qui contribuent à la détermination de l'hyperplan. Dans la figure 2.1, les données qui se trouvent sur les deux droites $+1$ et -1 représentent les vecteurs supports.

Le problème de l'équation (2.10) est un problème de programmation quadratique avec contraintes linéaires. Dans ce problème, les variables sont w et b, c-à-d que le nombre de variables est égal à $m + 1$. Généralement, le nombre de variables est important ce qui ne permet pas d'utiliser les techniques classiques de programmation quadratique. Dans ce cas le problème (2.10) est converti en un problème dual équivalent sans contraintes de l'équation (2.11) qui introduit les multiplicateurs de Lagrange :

$$Q(w, b, \alpha) = \frac{1}{2} w^T w - \sum_{i=1}^{n} \alpha_i \left\{ y_i(w^T x_i + b) - 1 \right\} \tag{2.11}$$

Où les α_i sont les multiplicateurs non négatifs de Lagrange. L'optimum de la fonction objective Q peut être obtenu en la minimisant par rapport à w et b et en la maximisant par rapport aux α_i. À l'optimum de la fonction objective, ses dérivées par rapports aux variables w et b s'annulent ainsi que le produit des α_i aux contraintes (équation 2.12) :

$$\begin{cases} \frac{\partial Q(w,b,\alpha)}{\partial w} = 0 & (a) \\ \frac{\partial Q(w,b,\alpha)}{\partial b} = 0 & (b) \\ \alpha_i \left\{ y_i(w^T x_i + b) - 1 \right\} = 0 & (c) \\ \alpha_i \geq 0 & (d) \end{cases} \qquad (2.12)$$

De (2.12.a) on déduit :

$$\begin{cases} w = \sum_{i=1}^{n} \alpha_i y_i x_i \\ \sum_{i=1}^{n} \alpha_i y_i = 0 \end{cases} \qquad (2.13)$$

En remplaçant dans 2.11, on obtient le problème dual à maximiser suivant :

$$\begin{cases} \text{Maximiser} \qquad Q(\alpha) = \sum_{i=1}^{n} \alpha_i - \sum_{i=1}^{n} \sum_{j=1}^{n} \alpha_i \alpha_j y_i y_j x_i^T x_j \\ \text{Sous contraintes} \\ \qquad \sum_{i=1}^{n} \alpha_i y_i = 0 \\ \qquad \alpha_i \geq 0 \end{cases} \qquad (2.14)$$

Si le problème de classification est linéairement séparable, une solution optimale pour les α_i existe. Les exemples ayant des $\alpha_i \neq 0$ représentent les vecteurs supports appartenant aux deux classes. La fonction de décision est donnée par :

$$H(x) = \sum_{S} \alpha_i y_i x^T x_i + b \qquad (2.15)$$

Où S représente l'ensemble des vecteurs supports. b peut être calculé à partir de n'importe quel vecteur support par l'équation (2.16) :

$$b = y_i - w^T x_i \qquad (2.16)$$

D'un point de vue précision, on prend la moyenne de b pour tous les vecteurs supports :

$$b = \frac{1}{|S|} \sum_{i \in S} y_i - w^T x_i \qquad (2.17)$$

La fonction de décision H peut être calculée, donc, pour chaque nouvel exemple x par l'équation (2.15) et la décision peut être prise comme suit :

$$\begin{cases} x \in Classe + 1 & si \quad H(x) > 0 \\ x \in Classe - 1 & si \quad H(x) < 0 \\ x \quad \text{inclassifiable} & si \quad H(x) = 0 \end{cases} \qquad (2.18)$$

La zone $-1 < H(x) < 1$ est appelée la zone de généralisation.

Si on prend un exemple x_k de l'ensemble d'entrainement appartenant à la classe y_k et on calcule sa fonction de décision $H(x_k)$, on peut se trouver dans l'un des cas suivants :

1. $y_k * H(x_k) > 1$: dans ce cas l'exemple est bien classé et ne se situe pas dans la zone de la marge. Il ne représente pas un vecteur support.

2. $y_k * H(x_k) = 1$: dans ce cas l'exemple est bien classé et se situe aux frontières de la zone de la marge. Il représente un vecteur support.

3. $0 < y_k * H(x_k) < 1$: dans ce cas l'exemple est bien classé et se situe dans de la zone de la marge. Il ne représente pas un vecteur support.

4. $y_k * H(x_k) < 0$: dans ce cas l'exemple se situe dans le mauvais coté, il est mal classé et ne représente pas un vecteur support.

2.3.2 SVM à marge souple

En réalité, un hyperplan séparateur n'existe pas toujours, et même s'il existe, il ne représente pas généralement la meilleure solution pour la classification. En plus une erreur d'étiquetage dans les données d'entrainement (un exemple étiqueté +1 au lieu de −1 par exemple) affectera crucialement l'hyperplan.

Dans le cas où les données ne sont pas linéairement séparables, ou contiennent du bruit (outliers : données mal étiquetées) les contraintes de l'équation (2.5) ne peuvent être vérifiées, et il y a nécessité de les relaxer un peu. Ceci peut être fait en admettant une certaine erreur de classification des données (figure 2.2) ce qui est appelé "SVM à marge souple (Soft Margin)".

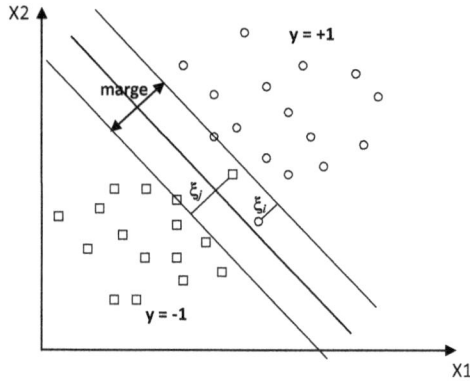

FIGURE 2.2 – SVM binaire à marge souple

On introduit alors sur les contraintes des variables ξ_i dites de relaxation pour obtenir la contrainte de l'équation (2.19) :

$$y_i(w^T x_i + b) \geq 1 - \xi_i, i = 1..n \tag{2.19}$$

Grâce aux variables de relaxation non négatives ξ_i, un hyperplan séparateur existera toujours.

Si $\xi_i < 1$, x_i ne respecte pas la marge mais reste bien classé, sinon x_i est mal classé par l'hyperplan. Dans ce cas, au lieu de rechercher uniquement un hyperplan séparateur qui maximise la marge, on recherche un hyperplan qui minimise aussi la somme des erreurs permises c-à-d minimiser $Q(w) = \sum_{i=1}^{n} \xi_i$.

En combinant avec l'équation (2.10), on obtient le problème primal de l'équation (2.20) suivant :

$$\begin{cases} \text{Minimiser} & \frac{1}{2}\|w\|^2 + C\sum_{i=1}^{n}\xi_i \\ \text{sous contraintes} \\ y_i(w^T x_i + b) \geq 1 - \xi_i & i = 1..n \\ \xi_i \geq 0 \end{cases} \tag{2.20}$$

Où C est un paramètre positif libre (mais fixe) qui représente une balance entre les deux termes de la fonction objective (la marge et les erreurs permises) c-à-d entre la maximisation de la marge et la minimisation de l'erreur de classification. On obtient le problème dual de l'équation (2.21) où on introduit les multiplicateurs de Lagrange α_i et β_i :

$$Q(w,b,\alpha,\xi,\beta) = \frac{1}{2}w^T w + C \sum_{i=1}^{n} \xi_i - \sum_{i=1}^{n} \alpha_i y_i (w^T x_i + b) - 1 + \xi_i - \sum_{i=1}^{n} \beta_i \xi_i \qquad (2.21)$$

À la solution optimale, les dérivées par rapport aux variables w, b, α, β s'annulent ainsi que le produit des contraintes aux multiplicateurs. Les conditions suivantes sont alors vérifiées :

$$\begin{cases} \frac{\partial Q(w,b,\xi,\alpha,\beta)}{\partial w} = 0 & (a) \\ \frac{\partial Q(w,b,\xi,\alpha,\beta)}{\partial b} = 0 & (b) \\ \alpha_i \left\{ y_i (w^T x_i + b) - 1 + \xi_i \right\} = 0 & (c) \\ \beta_i \xi_i = 0 & (d) \\ \alpha_i \geq 0 \,;\, \beta_i \geq 0 \,;\, \xi_i \geq 0 & (e) \end{cases} \qquad (2.22)$$

On déduit :

$$\begin{cases} w = \sum\limits_{i=1}^{n} \alpha_i y_i x_i \\ \sum\limits_{i=1}^{n} \alpha_i y_i = 0 \\ \alpha_i + \beta_i = 0 \end{cases} \qquad (2.23)$$

En remplaçant l'équation (2.23) dans l'équation (2.21), on obtient le problème dual (2.24) suivant :

$$\begin{cases} \text{Maximiser} \qquad Q(\alpha) = \sum\limits_{i=1}^{n} \alpha_i - \frac{1}{2} \sum\limits_{i=1}^{n} \sum\limits_{j=1}^{n} \alpha_i \alpha_j y_i y_j x_i^T x_j \\ \text{sous contraintes} \\ \qquad \sum\limits_{i=1}^{n} \alpha_i y_i = 0 \\ \qquad 0 \leq \alpha_i \leq C \end{cases} \qquad (2.24)$$

La seule différence avec la SVM à marge dure est que les α_i ne peuvent pas dépasser C, ils peuvent être dans l'un des trois cas suivants :

1. $\alpha_i = 0 \Rightarrow \beta_i = C \Rightarrow \xi_i = 0$: x_i est bien classé,

2. $0 < \alpha_i < C \Rightarrow \beta_i > 0 \Rightarrow \xi_i = 0 \Rightarrow y_i (w^T x_i + b) = 1$: x_i est un vecteur support et est appelé dans ce cas vecteur support non borné (unbounded),

3. $\alpha_i = C \Rightarrow \beta_i = 0 \Rightarrow \xi_i \geq 0 \Rightarrow y_i (w^T x_i + b) = 1 - \xi_i$: x_i est un vecteur support appelé dans ce cas vecteur support borné (bounded). Si $0 \leq \xi_i < 1$, x_i est bien classé, sinon x_i est mal classé.

Ces conditions sur les α_i sont appelées les conditions de Karush-Kuhn-Tucker (KKT) [77, 85], elles sont très utilisées par les algorithmes d'optimisation pour rechercher les α_i optimums et par conséquent l'hyperplan optimal.

La fonction de décision est alors calculée de la même manière que dans le cas des SVMs à marge dure mais uniquement à base des vecteurs supports non bornés par :

$$H(x) = \sum_{i \in U} \alpha_i y_i x_i^T x + b \qquad (2.25)$$

Pour les vecteurs supports non bornés, nous avons :

$$b = y_i - w^T x_i \qquad (2.26)$$

Pour garantir une bonne précision, on prend la moyenne de b pour tous les vecteurs supports non bornés :

$$b = \frac{1}{|U|} \sum_{i \in U} y_i - w^T x_i \qquad (2.27)$$

2.3.3 Utilisation des noyaux

Le fait d'admettre la mal-classification de certains exemples, ne peut pas toujours donner une bonne généralisation pour un hyperplan même si ce dernier est optimisé (figure 2.3).

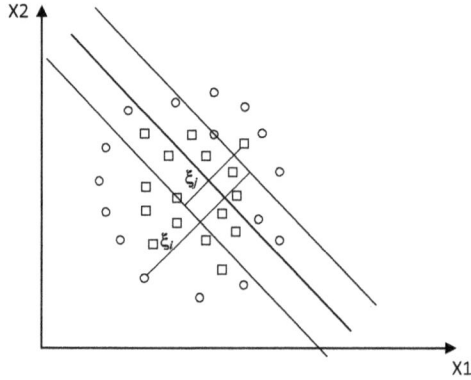

FIGURE 2.3 – Mal-adaptation de l'hyperplan aux problèmes réels de classification

Plutôt qu'une droite, la représentation idéale de la fonction de décision serait une représentation qui colle le mieux aux données d'entrainement (figure 2.4).

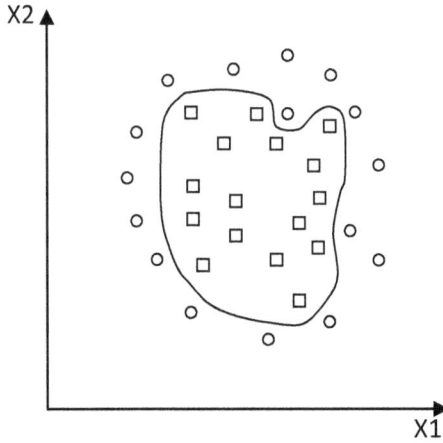

FIGURE 2.4 – Représentation idéale de la fonction de décision

La détermination d'une telle fonction non linéaire est très difficile voire impossible. Pour cela les données sont amenées dans un espace où cette fonction devient linéaire (figure 2.5), cette astuce permet de garder les mêmes modèles de problèmes d'optimisation vus dans les sections précédentes, utilisant les SVMs basées essentiellement sur le principe de séparation linéaire. Cette transformation d'espace est réalisée souvent à l'aide d'une fonction $F = \{\phi(x)|x \in X\}$ appelé *"Mapping function"* et le nouvel espace est appelé espace de caractéristiques *"Features space"*.

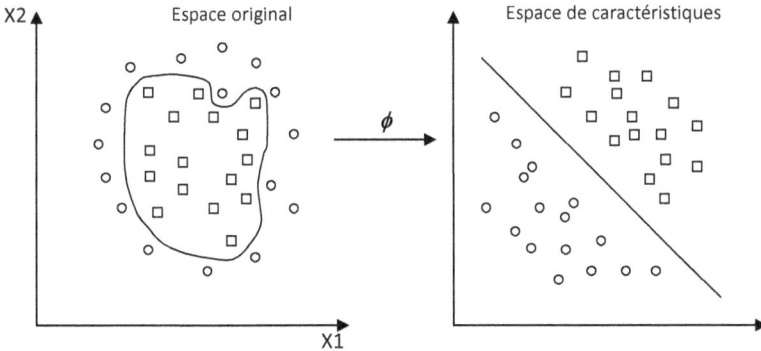

FIGURE 2.5 – Transformation d'espace

Dans ce nouvel espace de caractéristiques, la fonction objective à optimiser de l'équation (2.24) devient :

$$Q(\alpha) = \sum_{i=1}^{n} \alpha_i - \frac{1}{2} \sum_{i=1}^{n} \sum_{j=1}^{n} \alpha_i \alpha_j y_i y_j \langle \phi(x_i), \phi(x_j) \rangle \qquad (2.28)$$

Où $\langle \phi(x_i), \phi(x_j) \rangle$ est le produit scalaire des deux images des vecteurs x_i et x_j dans le nouvel espace et dont le résultat est un scalaire.

Dans le calcul de l'optimum de la fonction (2.28), on utilise une astuce appelée *"Noyau"* *("Kernel")*, au lieu de calculer $\phi(x_i), \phi(x_j)$ et leur produit scalaire, on calcule plutôt une fonction $K(x_i, x_j)$ qui représente à la fois les deux transformations (qui peuvent être inconnues) et leur produit scalaire. Cette fonction permet de surmonter le problème de détermination de la transformation ϕ et permet d'apprendre des relations non linéaires par des machines linéaires. La fonction $K(x_i, x_j)$ peut être vue comme une matrice $G[n, n]$ dite de *Gram* [130] qui représente les distances entre tous les exemples :

$$
\begin{bmatrix}
K(x_1, x_1) & \dots & K(x_1, x_n) \\
\vdots & \ddots & \vdots \\
K(x_n, x_n) & \dots & K(x_n, x_n)
\end{bmatrix}
$$

Pour qu'une matrice G (fonction K) soit un noyau, il faut qu'elle respecte les conditions de Mercer [103, 81], c-à-d qu'elle doit être semi-définie positive (symétrique et n'a pas de valeurs propres négatives). La construction de tels noyaux est largement étudiée dans [68, 98], néanmoins, il existe certains noyaux qui sont très utilisés et qui sont considérés comme standards 2.3.3. Une fois le noyau choisi, la fonction objective 2.28 peut être calculée comme suit 2.29 :

$$
Q(\alpha) = \sum_{i=1}^{n} \alpha_i - \frac{1}{2} \sum_{i=1}^{n} \sum_{j=1}^{n} \alpha_i \alpha_j y_i y_j K(x_i, x_j) \tag{2.29}
$$

Et la fonction de décision devient :

$$
H(x) = \sum_{i \in S} \alpha_i y_i K(x_i, x) + b \tag{2.30}
$$

Où S représente l'ensemble des vecteurs supports.

Exemples de noyaux

- Noyau linéaire : Si les données sont linéairement séparables, on n'a pas besoin de changer d'espace, et le produit scalaire suffit pour définir la fonction de décision :

$$
K(x_i, x_j) = x_i^T x_j \tag{2.31}
$$

- Noyau polynomial : Le noyau polynomial élève le produit scalaire à une puissance naturelle d :

$$
K(x_i, x_j) = (x_i^T x_j)^d \tag{2.32}
$$

Si $d = 1$ le noyau devient linéaire. Le noyau polynomial dit non homogène $K(x_i, x_j) = (x_i^T x_j + C)^d$ est aussi utilisé.
- Noyau RBF : Les noyaux RBF (Radial Basis functions) sont des noyaux qui peuvent être écrits sous la forme : $K(x_i, x_j) = f(d(x_i, x_j))$ où d est une métrique sur X et f est une fonction dans $\Re$. Un exemple des noyaux RBF est le noyau Gaussien (2.33) :

$$
K(x_i, x_j) = e^{\left(-\frac{\|x_i - x_j\|^2}{2\sigma^2} \right)} \tag{2.33}
$$

Où σ est un réel positif qui représente la largeur de bande du noyau.

2.3.4 Architecture générale d'une machine à vecteur support

Une machine à vecteur support, recherche à l'aide d'une méthode d'optimisation, dans un ensemble d'exemples d'entrainement, des exemples, appelés vecteurs support, qui caractérisent la fonction de séparation. La machine calcule également des multiplicateurs associés à ces vecteurs.

Les vecteurs supports et leurs multiplicateurs sont utilisés pour calculer la fonction de décision pour un nouvel exemple. Le schéma de la figure 2.6 résume l'architecture générale d'une SVM dans le cas de la reconnaissance des chiffres manuscrits.

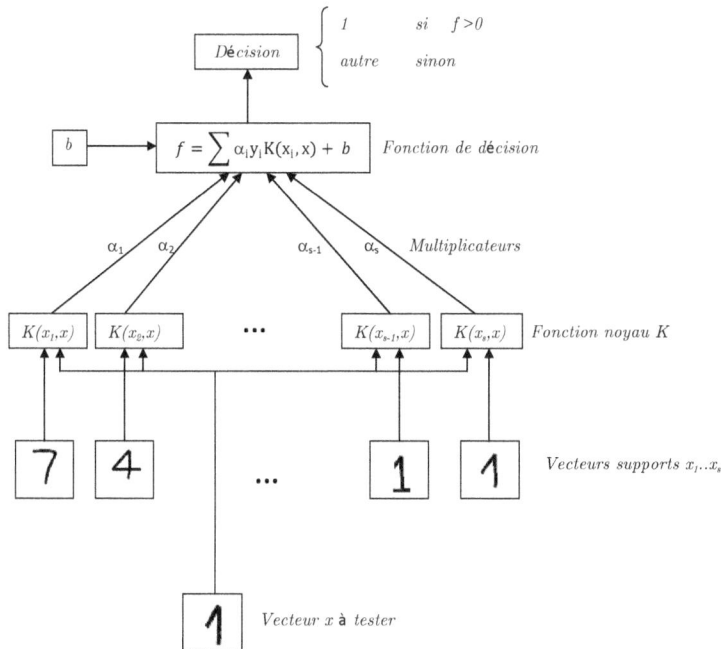

FIGURE 2.6 – Architecture d'une machine à vecteur support

La fonction noyau K est utilisée pour calculer la distance entre le vecteur à tester x et chaque vecteur support dans l'espace de caractéristique. Les résultats sont ensuite linéairement combinés en utilisant les multiplicateurs de Lagrange α_i et ajoutés au biais b. Le résultat final f permet de décider à propos du nouveau vecteur : si $f(x)$ est positive, il s'agit du chiffre "1", sinon, il s'agit d'un autre chiffre.

2.4 SVMs multiclasse

Les machines à vecteur support sont dans leur origine binaires. Cependant, les problèmes du monde réel sont dans la plupart des cas multiclasse, l'exemple le plus simple en est la reconnaissance des caractères optiques (OCR). Dans de tels cas, on ne cherche pas à affecter un nouvel exemple à l'une de deux classes mais à l'une parmi plusieurs, c-à-d que la décision n'est plus binaire et un seul hyperplan ne suffit plus.

Les méthodes des machines à vecteur support multiclasse, réduisent le problème multiclasse à une composition de plusieurs hyperplans biclasses permettant de tracer les frontières de décision entre les différentes classes [62, 136]. Ces méthodes décomposent l'ensemble d'exemples en plusieurs sous ensembles représentant chacun un problème de classification binaire. Pour chaque problème un hyperplan de séparation est déterminé par la méthode SVM binaire. On construit lors de la classification une hiérarchie des hyperplans binaires qui est parcourue de la racine jusqu'à une feuille pour décider de la classe d'un nouvel exemple. On trouve dans la littérature plusieurs méthodes de décomposition :

2.4.1 Une-contre-reste (1vsR)

C'est la méthode la plus simple et la plus ancienne. Selon la formulation de Vapnik [149], elle consiste à déterminer pour chaque classe k un hyperplan $H_k(w_k, b_k)$ la séparant de toutes les autres classes. Cette classe k est considérée comme étant la classe positive $(+1)$ et les autres classes comme étant la classe négative (-1), ce qui résulte, pour un problème à K classes, en K SVM binaires. Un hyperplan H_k est défini pour chaque classe k par la fonction de décision suivante :

$$H_k(x) = \text{signe}(\langle w_k, x \rangle + b_k)$$
$$= \begin{cases} +1 & \text{si} \quad f_k(x) > 0; \\ 0 & \text{sinon} \end{cases} \tag{2.34}$$

La valeur retournée de l'hyperplan permet de savoir si x appartient à la classe k ou non. Dans le cas où il n'appartient pas à k $(H_k(x) = 0)$, nous n'avons aucune information sur l'appartenance de x aux autres classes. Pour le savoir, on présente x à tous les hyperplans, ce qui donne la fonction de décision de l'équation (2.35) suivante :

$$k^* = \underbrace{Arg}_{(1 \leq k \leq K)} Max(H_k(x)) \tag{2.35}$$

Si une seule valeur $H_k(x)$ est égale à 1 et toutes les autres sont égales à 0, on conclut que x appartient à la classe k. Le problème est que l'équation (2.35) peut être vérifiée pour plus d'une classe, ce qui produit des régions d'ambiguïté, et l'exemple x est dit non classifiable. La figure 2.7 représente un cas de séparation de 3 classes.

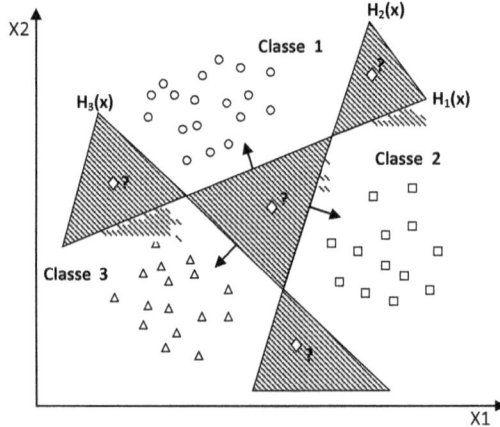

FIGURE 2.7 – Approche une-contre-reste avec des zones d'indécision

Pour surmonter cette situation, la méthode 1vsR utilise le principe de "le gagnant prend tout" ("winner-takes-all") : la classe k retenue est celle qui maximise $f_k(x) = \langle w_k, x \rangle + b_k$ de l'équation (2.36).

$$k^* = \underbrace{Arg}_{(1 \leq k \leq K)} Max(\langle w_k, x \rangle + b_k) \qquad (2.36)$$

Géométriquement interprétée, tout nouvel exemple x est affecté à la classe dont l'hyperplan est le plus loin de x, parmi les classes ayant $H(x) = 1$ (figure 2.8).

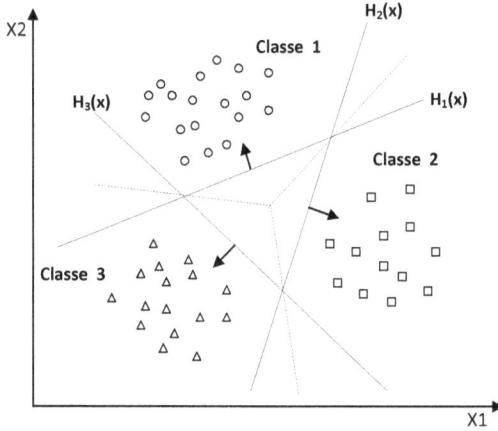

FIGURE 2.8 – Résolution des cas d'indécision dans la méthode 1vsR

La méthode 1vsR peut être utilisée pour découvrir même les cas de rejet où un exemple n'appartient à aucune des K classes. Pour cela, on prend les deux fonctions de décision les plus élevées, puis on calcule leur différence, si elle est au dessous d'un certain seuil, l'exemple est rejeté.

Souvent, la méthode 1vsR est critiquée à cause de son asymétrie [130], puisque chaque hyperplan est entraîné sur un nombre d'exemples négatifs beaucoup plus important que le nombre d'exemples positifs. Par exemple dans le cas de l'OCR, le classifieur du caractère 'A' est entraîné sur des exemples positifs représentant 'A' et des exemples négatifs représentant tous les autres caractères. La méthode une contre une suivante est une méthode symétrique qui corrige ce problème.

2.4.2 Une-contre-une (1vs1)

Cette méthode, appelée aussi *"pairwise"*, revient à Kner et ses co-auteurs [80] qui l'ont proposée pour les réseaux de neurones. Elle consiste à utiliser un classifieur pour chaque paire de classes. Au lieu d'apprendre K fonctions de décisions, la méthode 1vs1 discrimine chaque classe de chaque autre classe, ainsi $K(K-1)/2$ fonctions de décisions sont apprises.

Pour chaque paire de classes (k, s), la méthode 1vs1 définit une fonction de décision binaire $h_{ks} : \Re \rightarrow \{-1, +1\}$. L'affectation d'un nouvel exemple se fait par liste de vote. On teste un exemple par le calcul de sa fonction de décision pour chaque hyperplan. Pour chaque test, on vote pour la classe à laquelle appartient l'exemple (classe gagnante). On définit pour le faire la fonction de décision binaire $H_{ks}(x)$ de l'équation 2.37.

$$\begin{aligned} H_{ks}(x) &= \operatorname{signe}(f_{ks}(x)) \\ &= \begin{cases} +1 & \text{si } f_{ks}(x) > 0; \\ 0 & \text{sinon} \end{cases} \end{aligned} \quad (2.37)$$

Sur la base des $K(K-1)/2$ fonctions de décision binaires, on définit K autres fonctions de décision (équation 2.38) :

$$H_k(x) = \sum_{s=1}^{m} H_{ks}(x) \quad (2.38)$$

Un nouvel exemple est affecté à la classe la plus votée. La règle de classification d'un nouvel exemple x est donnée par l'équation 2.39 :

$$k^* = \underbrace{Arg}_{(1 \leq k \leq K)} (Max H_k(x)) \quad (2.39)$$

Malheureusement, la fonction 2.39 peut être vérifiée pour plusieurs classes, ce qui produit des zones d'indécisions. La méthode de vote affecte dans ce cas, un exemple aléatoirement à l'une des classes les plus votées.

La Figure 2.9 représente un exemple de classification de trois classes avec la zone d'indécision.

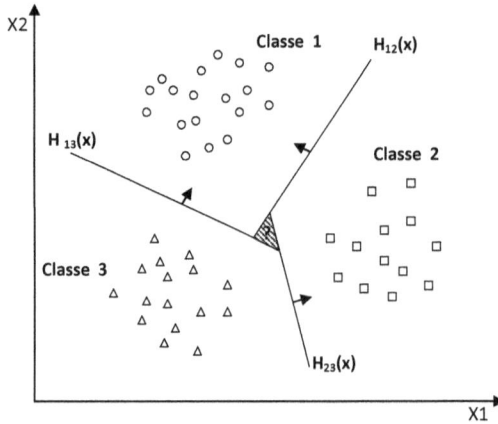

FIGURE 2.9 – Approche une-contre-une

Bien que La méthode 1vs1 utilise, pour l'entrainement, un nombre plus important d'hyperplans que la méthode 1vsR, elle est souvent plus rapide. Cela est du, d'une part, au nombre limité d'exemples utilisés pour entrainer chaque hyperplan, et d'autre part, à la simplicité des problèmes à résoudre. En effet, chaque deux classes prises à part sont moins chevauchées que toutes les classes.

2.4.3 Graphe de décision

C'est une méthode développée par Platt et all [118] pour résoudre le problème des zones d'indécision dans la méthode 1vs1. Premièrement, l'entrainement est effectué par la même méthode

1vs1 de la section précédente pour obtenir $K(K-1)/2$ hyperplans. Puis, au lieu d'utiliser le vote pour l'affectation des nouveaux exemples, on construit un graphe de décision. Pour cela, on définit une mesure E_{ks} de la capacité de généralisation sur les différents hyperplans obtenus c-à-d pour chaque paire de classes. Cette mesure représente le rapport entre le nombre de vecteurs supports de l'hyperplan et le nombre d'exemples des deux classes correspondantes (équation 2.40).

$$E_{ks} = \frac{N_{vs}}{N_{exemples}} \qquad (2.40)$$

Après la phase d'apprentissage on construit un graphe de décision qui sera utilisé pour la classification selon les étapes suivante :

1. Créer une liste L contenant toutes les classes,
2. Si L contient une seule classe, créer un nœud étiqueté de cette classe et arrêter.
3. Calculer pour chaque paire de classes (i, j) la capacité de généralisation E_{ij} de l'hyperplan obtenu dans la phase d'entrainement 1vs1,
4. Rechercher les deux classes k et s dont E_{ks} est maximum,
5. Créer un nœud N du graphe étiqueté de (k, s).
6. Créer un graphe de décision à partir de la liste L - $\{k\}$, de la même manière, et l'attacher au fils gauche de N,
7. Créer un graphe de décision à partir de la liste L - $\{s\}$, de la même manière, et l'attacher au fils droit de N.

On obtient ainsi un graphe de décision similaire à l'exemple de la figure 2.10 dont les feuilles sont les classes et les nœuds internes sont les hyperplans :

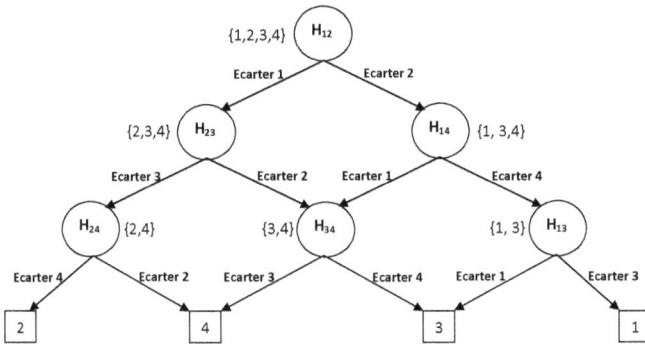

FIGURE 2.10 – Graphe de décision acyclique orienté à quatre classes

Un nouvel exemple x est exposé premièrement à l'hyperplan de la racine. Si la décision est positive, on continue avec le fils gauche sinon avec le fils droit jusqu'à atteindre une feuille. La feuille atteinte représente la classe de l'exemple x. Contrairement à la méthode de vote, qui teste pour classifier un exemple $K(K-1)/2$ hyperplans, la méthode DAG en teste uniquement $K-1$, ce qui la rend très rapide en classification par rapport aux méthodes 1vs1 et 1vsR [143].

2.4.4 SVMs basées arbres de décision

Dans cette méthode, on apprend pour K classes, $(K-1)$ hyperplans. Chaque hyperplan sépare une ou plusieurs classes du reste, selon un découpage choisi. On peut choisir, par exemple, un découpage semblable à la méthode 1vsR où l'hyperplan H_i sépare la classe i des classes $i+1$, $i+2,...,K$ (cf. figure 2.11).

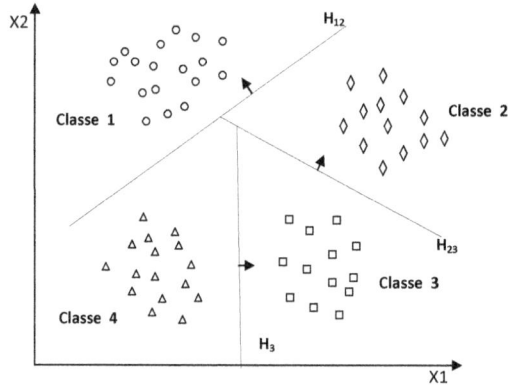

FIGURE 2.11 – SVM multiclasse par arbre de décision

Dans la phase de classification, pour classer un nouvel exemple x, on teste les hyperplans dans l'ordre croissant et on s'arrête sur le premier hyperplan qui retourne une valeur de décision positive. L'exemple x appartient alors à la classe positive de cet hyperplan.

On remarque sur la figure 2.11, que les classes d'indices inférieurs ont des zones de classification plus importantes, ce qui pose des problèmes pour la capacité de généralisation du modèle de décision obtenu. Cela montre l'importance de l'ordre de découpage choisi.

Il existe plusieurs types d'arbres de décision. Certains trient les classes selon l'ordre décroissant du nombre de leurs exemples, pour placer les classes volumineuses dans des zones importantes. D'autres méthodes [142] subdivisent, à chaque fois, les classes en deux ensembles équilibrés, ce qui génère un arbre de décision binaire équilibré. Dans plusieurs autres propositions [131, 132], on effectue des clustering selon une métrique choisie pour séparer les classes.

Les méthodes basées sur les arbres de décisions sont généralement plus rapides que la méthode 1vsR. Cela est dû au fait que la méthode 1vsR utilise, pour entrainer chaque hyperplan, tous les exemples, tandis que dans les méthodes basées sur les arbres de décision, le nombre d'exemples d'entrainement diminue en descendant dans l'arbre.

2.5 SVM monoclasse (Novelty detection)

Dans les machines à vecteur support binaires et multiclasse précédentes, nous avons toujours des exemples positifs et d'autres négatifs c-à-d des exemples et des contre-exemples. De telles informations ne sont pas disponibles dans tous les cas d'application. Parfois, il est très coûteux, voire impossible, de trouver des contre-exemples qui représentent réellement la classe négative. Prenons l'exemple de reconnaissance d'une catégorie particulière de pièces par un robot dans une usine, il est facile d'avoir des exemples suffisants de cette pièce, mais il est difficile d'avoir des exemples de toutes les pièces différentes. Il est souhaitable, dans de tels cas, d'avoir un modèle de décision permettant de reconnaître autant d'exemples possibles de cette catégorie et de rejeter tous les autres. Ce problème est souvent appelé *"Novelty detection"* ou détection des nouveautés, puisque le modèle de décision connaît un ensemble d'exemples et détecte tous ce qui est nouveau (étranger ou outlier).

Pour la classification SVM monoclasse, il est supposé que seules les données de la classe cible sont disponibles. L'objectif est de trouver une frontière qui sépare les exemples de la classe cible du reste de l'espace, autrement dit, une frontière autour de la classe cible qui accepte autant d'exemples cibles que possible[62]. Cette frontière est représentée par une fonction de décision positive à l'intérieur de la classe et négative en dehors. La figure 2.12 représente, en deux dimensions, un cas de séparation d'une classe de toute autre classe.

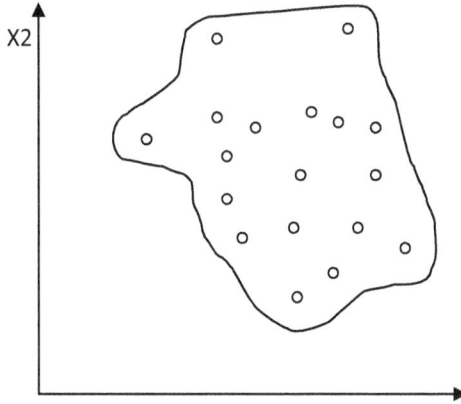

FIGURE 2.12 – Séparation des exemples d'une classe du reste de l'espace

Pour résoudre ce cas de problèmes, la technique SVM monoclasse utilise le même modèle binaire décrit dans la section 2.3 avec une astuce en plus ; l'origine de l'espace est considérée comme étant la seule instance de la classe négative. Le problème revient, donc, à trouver un hyperplan qui sépare les exemples de la classe cible de l'origine, et qui maximise la marge entre les deux (figure 2.13).

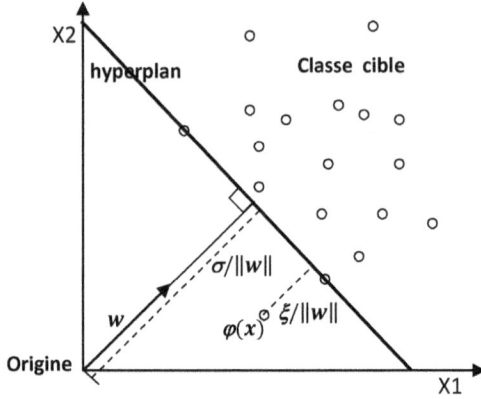

FIGURE 2.13 – SVM monoclasse à marge maximale

Le problème est modélisé par le problème primal de programmation quadratique de l'équation (2.41) dont l'objectif est de maximiser la marge et minimiser les erreurs de classification. La contrainte est la bonne classification des exemples d'entrainement.

$$\begin{cases} min_{w,\xi,\rho} \frac{1}{2} \|w\|^2 + \frac{1}{vN} \sum\limits_{i=1}^{l} \xi_i - \rho \\ \langle w, \phi(x_i) \rangle \geq \rho - \xi_i \\ \xi_i \geq 0 \quad i = 1, 2..N \end{cases} \quad (2.41)$$

Où N est le nombre d'exemples de la classe cible, (w, ρ) les paramètres permettant de localiser l'hyperplan, ξ_i représentent les erreurs permises sur les exemples, pénalisées par le paramètre v et ϕ est une transformation d'espace semblable à celle du cas binaire.

Une fois (w, ρ) déterminés, tout nouvel exemple pourra être classé par la fonction de décision de l'équation (2.42) :

$$f(x) = < w, \phi(x_i) > -\rho \quad (2.42)$$

x appartient à la classe cible si $f(x)$ est positive.

En fait, la résolution du problème de l'équation 2.41 est réalisée par l'introduction des multiplicateurs de Lagrange pour obtenir le problème dual de l'équation (2.43) :

$$\begin{cases} Minimiser_\alpha \quad \frac{1}{2} \sum\limits_{i,j} \alpha_i \alpha_j K(x_i, x_j) \\ sous\ contraintes \\ \qquad\qquad \sum\limits_{i=1}^{n} \alpha_i = 1 \\ \qquad\qquad 0 \leq \alpha_i \leq \frac{1}{vN} \end{cases} \quad (2.43)$$

Où K est un noyau qui représente la transformation d'espace ϕ.

Une fois les α_i déterminés ils peuvent être dans l'un des trois cas suivants :

- $\alpha_i = 0$: correspondent aux exemples bien classés c-à-d qui se situent au dessus de l'hyper-plan,
- $\alpha_i = \frac{1}{vN}$ correspondent aux exemples qui se situent à l'intérieur de la marge (au dessous de l'hyperplan),
- $0 < \alpha_i < \frac{1}{vN}$ correspondent aux exemples vecteurs support qui se situent sur l'hyperplan.

La fonction de décision pour tout exemple x est donnée par l'équation 2.44 :

$$f(x) = \sum_{i=1}^{l} \alpha_i K(x_i, x) - \rho \qquad (2.44)$$

Où ρ peut être déterminé à partir d'un exemple x_i d'apprentissage dont $\alpha_i \neq 0$ par l'équation 2.45 :

$$\rho = \sum_{j} \alpha_j K(x_j, x_i) \qquad (2.45)$$

Cette méthode de résolution n'est pas la seule qui existe. Dans [145], Duin et ses co-auteurs ont proposé de résoudre le problème par la recherche de l'hypersphère de rayon minimal qui englobe tous les exemples d'apprentissage (figure 2.14).

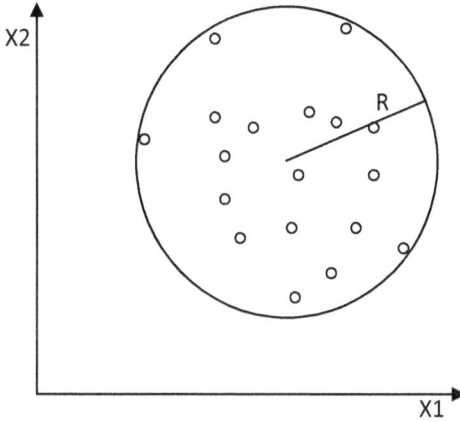

FIGURE 2.14 – SVM monoclasse à base d'hypersphère

Le problème revient à minimiser R tout en gardant les exemples dans l'hypersphère (équation 2.46).

$$
\begin{cases}
Minimiser_{R,\xi} & \|R\|^2 + \frac{1}{vN} \sum_{i=1}^{l} \xi_i; \quad 0 < v \leq 1 \\
\text{Sous} \quad \text{contraintes} & \\
& \|\phi(x_i) - c\|^2 \leq R^2 + \xi_i \\
& \xi_i \leq 0 \quad i = 1, 2..N
\end{cases}
\qquad (2.46)
$$

Où R est le rayon de l'hypersphère, c est le centre des exemples, ξ_i les erreurs permises pénalisées par le paramètre v et ϕ est une transformation d'espace. Le problème est résolu en introduisant les multiplicateurs de Lagrange α_i et en le transformant en le problème dual de l'équation 2.47.

$$
\begin{cases}
Minimiser_{\alpha} & \sum_{i,j} \alpha_i \alpha_j K(x_i, x_j) - \sum_{i} \alpha_i K(x_i, x_i) \\
\text{sous contraintes} & \\
& \sum_{i=1}^{n} \alpha_i = 1 \\
& 0 \leq \alpha_i \leq \frac{1}{vN}
\end{cases}
\qquad (2.47)
$$

Après la détermination des α optimaux, la fonction de décision pourra être calculée pour un nouvel exemple x par la fonction de l'équation (2.48).

$$f(x) = R^2 - \sum_{i,j} \alpha_i \alpha_j K(x_i, x_j) + 2 \sum_i \alpha_i K(x_i, x) - K(x, x) \qquad (2.48)$$

Cette méthode est moins précise que la précédente à cause de la forme sphérique de la frontière de la décision qui limite les capacités de généralisation de la machine apprise.

2.6 SVM pour la régression

Dans leur origine, les SVMs ont été développées pour des problèmes de classification. Cependant, leur nature leur permet de résoudre également des problèmes de régression. La régression est un cas particulier de classification où les classes des exemples ne sont pas dénombrables c-à-d continues. Le problème consiste à trouver, en utilisant $D = \{(x_1, y_1), .., (x_n, y_n)\}$, une fonction $\hat{f} : \Re^m \rightarrow \Re$ qui rapproche le plus possible des y_i, en d'autre terme qui minimise la différence entre les $\hat{f}(x_i)$ et les y_i.

Souvent, $\hat{f}$ est considérée comme fonction linéaire : $\hat{f} = \langle w, x \rangle + b$, où w est un vecteur et b est un scalaire. Le problème revient donc à trouver un hyperplan caractérisé par w^* et b^* qui minimise l'écart global entre $\hat{f}$ et les y_i (équation 2.49).

$$(w^*, b^*) = argmin_{w,b} \sum_{i=1}^{n} (y_i - \langle w, x_i \rangle - b)^2 \qquad (2.49)$$

Pour résoudre ce problème, les SVMs utilisent une astuce semblable a celle utilisée en classification [15, 51, 62]. On propose de modéliser la fonction de régression par un hyperplan qui se situe au centre d'un hyper-tube de largeur 2ϵ contenant tous les exemples d'entrainement (figure 2.15.a).

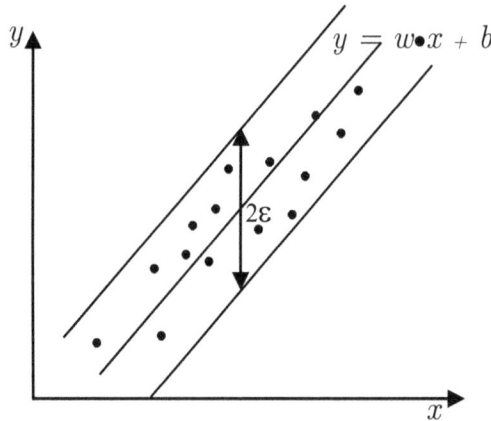

FIGURE 2.15 – Hyper-tube modélisant la fonction de régression

Plusieurs hyper-tubes, de largeur 2ϵ contenant tous les exemples d'entrainement, peuvent exister. L'hyper-tube optimal est celui qui minimise la distance entre les exemples d'entrainement et ses frontières, autrement dit, qui maximise la distance des exemples de l'hyperplan du centre (figure 2.15).

La détermination de l'hyper-tube optimal est semblable à la détermination de l'hyperplan optimal de marge maximale dans le cas de classification. On doit donc rechercher un hyper-tube de marge maximale avec tous les exemples d'entrainement à l'intérieur. Par une analyse similaire à celle du problème de classification, la solution du problème de régression est réduite à la résolution du problème dual d'optimisation quadratique de l'équation (2.50).

$$\begin{cases} Maximiser_{\alpha,\alpha'} & -\frac{1}{2} \sum_{i,j=1}^{n} (\alpha_i - \alpha_i')(\alpha_j - \alpha_j') \langle x_i, x_j \rangle \\ & -\epsilon \sum_{i=1}^{n} (\alpha_i + \alpha_i') + \sum_{i=1}^{n} y_i (\alpha_i - \alpha_i') \\ sous\ contraintes & \\ & \sum_{i=1}^{n} (\alpha_i - \alpha_i') = 0 \\ & 0 \leq \alpha_i, \alpha_i' \leq C \end{cases} \qquad (2.50)$$

Où les α_i et les α_i' sont les coefficients des exemples respectivement au dessus et au dessous de l'hyperplan et C est un paramètre pour leur pénalisation. La fonction de sortie $\hat{f}(x)$ peut être donnée par l'équation (2.51).

$$\hat{f}(x) = \sum_{i=1}^{n} (\alpha_i - \alpha_i') \langle x_i, x \rangle + b \qquad (2.51)$$

Où b est calculé à partir d'un exemple dont $0 < \alpha_i < C$ (vecteur support) par l'équation (2.52).

$$b = y_i - \langle w, x_i \rangle - \epsilon \qquad (2.52)$$

Utilisation des noyaux

Parmi les motivations les plus solides du développement des machines à vecteur support pour la régression, est leur extension simple aux cas non linéaires, grâce à l'utilisation des noyaux. En effet, d'une manière similaire au cas de classification, on fait une transformation d'espace ϕ pour se trouver toujours face à une régression linéaire. La transformation d'espace inverse ϕ^{-1}, permet de retourner à l'espace d'origine après la résolution dans le nouvel espace (figure 2.16).

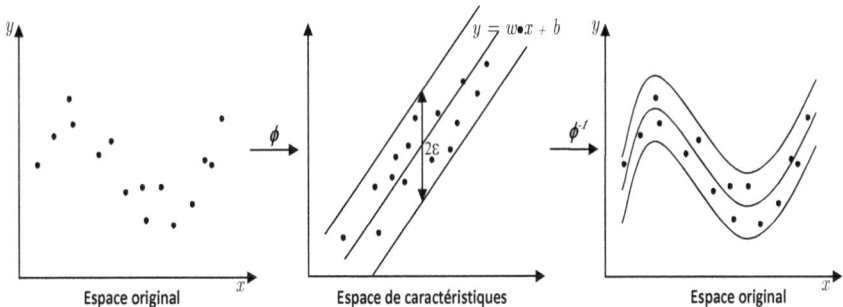

FIGURE 2.16 – Utilisation des noyaux pour la résolution de la régression non linéaire

Comme dans le cas de classification, la transformation ϕ et son inverse sont réalisées grâce à une fonction réelle $K(x_i, x_j)$ appelée *Noyau (Kernel)*. Le produit scalaire dans les équation (2.50) et (2.51) est remplacé par la fonction du noyau.

2.7 Implémentation des SVMs

L'implémentation des SVMs pour la classification binaire consiste à la résolution du problème dual de programmation quadratique de l'équation (2.53) pour déterminer l'hyperplan de marge maximale.

$$
\begin{cases}
\text{Maximiser} & \sum_{i=1}^{n} \alpha_i - \frac{1}{2} \sum_{i=1}^{n} \sum_{j=1}^{n} \alpha_i \alpha_j y_i y_j K(x_i, x_j) \\
\text{sous contraintes} & \\
& \sum_{i=1}^{n} \alpha_i y_i = 0 \\
& 0 \leq \alpha_i \leq C
\end{cases}
\tag{2.53}
$$

Où les x_i sont les exemples d'entrainement, n leur nombre et $y_i = \pm 1$ leur classes respectives, les α_i les multiplicateurs de Lagrange à déterminer et K est le noyau utilisé.

La résolution de ce problème consiste à déterminer les α_i optimaux. Si le nombre d'exemples est modeste (de l'ordre de 1000), les méthodes classiques de programmation quadratique tel que les méthodes quasi-Newton [108] ou les méthodes du point intérieur [148], peuvent être utilisées. Si par contre le nombre d'exemples est important (le cas habituel), des méthodes d'optimisation sont indispensables pour résoudre le problème en un temps acceptable.

En pratique, quand n est élevé, deux problèmes se posent : premièrement la taille de la matrice du noyau qui devient insupportable par la mémoire principale, deuxièmement le temps de recherche des α_i optimaux est exhaustif.

Pour résoudre ces problèmes, plusieurs méthodes ont été développées. La méthode de *shnuking* [112], effectue l'entrainement sur un nombre limité d'exemples, choisis par une heuristique [130, 36], puis ajoute itérativement les autres jusqu'à atteindre l'hyperplan optimal. Parmi les implémentations classiques de cette méthode on trouve le SVMlight [72].

La méthode SMO (sequential minimal optimisation), est la méthode la plus utilisée actuellement, elle consiste à optimiser à chaque itération, deux α_i conjointement.

Optimisation séquentielle minimale

L'algorithme d'optimisation séquentielle optimale (SMO) a été proposé premièrement par Platt and all en 1999 [117], c'est l'algorithme le plus utilisé actuellement pour les problèmes de grande taille. Cet algorithme pousse la décomposition des α_i à son maximum : à chaque itération, uniquement deux multiplicateurs de Lagrange α_i du problème dual sont optimisés. En effet, la première contrainte du problème de l'équation (2.53) implique que le plus petit nombre de α_i qui peuvent être optimisés conjointement est de 2. À Chaque fois qu'un multiplicateur est mis à jour, un autre multiplicateur au moins doit être ajusté afin de maintenir la contrainte satisfaite.

À chaque itération, l'algorithme choisi à l'aide d'une heuristique deux α_i et les optimise conjointement tout en gardant les valeurs des autres multiplicateurs inchangées.

Le point fort de l'algorithme est que l'optimisation des deux multiplicateurs choisis se fait analytiquement, ce qui réduit considérablement le temps d'entrainement. En plus, l'algorithme ne fait aucune opération matricielle et n'a pas besoin de maintenir la matrice du noyau en mémoire (voir [117, 36, 130] pour plus de détails).

Plusieurs optimisations peuvent être ajoutées à l'algorithme pour l'accélérer davantage. Premièrement, la matrice du noyau K peut être gérée par une méthode de cache tel que LRU (least recently used), pour garder une simple partie de la matrice en mémoire et mettre à jour uniquement les entrées les plus anciennes. Selon [53] cette technique peut garantir de trouver jusqu'à 80 % des éléments dans une cache d'une taille de 10 % de la matrice K.

Même pour la fonction $f(x_i)$ calculée plusieurs fois, elle peut être mise en cache aussi par un traitement pareil.

Les auteurs de [128, 129, 53] proposent de larguer les exemples dont les multiplicateurs correspondants atteignent leurs limites supérieures ou inférieures (0 ou C), au cours de progression de l'algorithme. L'idée consiste à écarter les exemples x_i dont les $\alpha_i = 0$, au cours de progression de l'algorithme puisque ce sont uniquement les exemples avec $\alpha_i \neq 0$ qui influencent la solution finale.

De la même manière l'algorithme SMO est utilisé pour implémenter la régression et la SVM monoclasse, les détails de ces variantes peuvent être trouvés dans [36, 130].

Divers packages d'implémentation du SMO peuvent être trouvés dans la littérature, particulièrement LIBSVM [28] et SVMTORCH [32].

La parallélisation de l'algorithme SMO peut l'accélérer considérablement dés lors qu'il utilise lui même une subdivision du problème dual en de plus petits problèmes. Les auteurs de [27] proposent un algorithme qui subdivise l'ensemble d'entrainement en des petites partitions traitée chacune par un processeur différent.

2.8 Tuning et évaluation du modèle

L'apprentissage supervisé effectué par la méthode SVM utilise une partie de l'ensemble d'exemples d'un espace, pour calculer un modèle de décision qui sera généralisé sur l'ensemble de tous les exemples de l'espace. Il est très important d'avoir des mesures permettant de qualifier le comportement du modèle appris sur les exemple qui ne sont pas utilisées lors de l'entrainement. Ces métriques sont calculées soit sur les exemples d'entrainement eux mêmes ou sur des exemples réservés à l'avance pour les tests.

2.8.1 Métriques de performances

Deux métriques sont généralement utilisées :

2.8.1.1 Taux de reconnaissance

La métrique intuitive utilisée est la précision du modèle appelée aussi le taux de reconnaissance. Elle représente le rapport entre le nombre d'exemples correctement classés et le nombre total d'exemples testées. L'équation (2.54) donne la formule utilisée.

$$
\begin{aligned}
&P = \frac{1}{N} \sum_{i=1}^{N} L(y_i, \hat{f}(x_i)) \\
&\text{avec,} \\
&L = \left\{ \begin{array}{ll} 1 & si \quad y_i = \hat{f}(x_i) \\ 0 & \text{sinon} \end{array} \right.
\end{aligned}
\tag{2.54}
$$

Généralement, la précision est donnée sous forme de pourcentage ce qui nécessite de multiplier la précision de l'équation 2.54 par 100.

2.8.1.2 Matrice de confusion

La mesure précédente donne le taux d'erreurs commises par le modèle de décision obtenu ($100 - précision$), mais ne donne aucune information sur la nature de ces erreurs.

Dans la plupart des cas d'application, il est très important de connaître la nature des erreurs commises. Par exemple, lors de l'utilisation d'un modèle de décision pour des objectifs médicaux, considérer un échantillon non cancéreux alors qu'il l'est, est beaucoup plus grave de considérer un échantillon cancéreux alors qu'il ne l'est pas.

Dans le cas de classification binaire, le résultat de test d'un modèle peut être une possibilité parmi quatre :

$$\begin{cases} \hat{f}(x_i) = +1 & et \quad y_i = +1 \quad \text{correcte} \quad \text{positive} \\ \hat{f}(x_i) = +1 & et \quad y_i = -1 \quad \text{fausse} \quad \text{positive} \\ \hat{f}(x_i) = -1 & et \quad y_i = -1 \quad \text{correcte} \quad \text{négative} \\ \hat{f}(x_i) = -1 & et \quad y_i = +1 \quad \text{fausse} \quad \text{négative} \end{cases} \quad (2.55)$$

Si le modèle donne une classe positive pour un exemple d'une classe positive, on dit que c'est une classe correcte positive (CP). Si par contre l'exemple appartient à la classe négative on dit que c'est une classe fausse positive (FP). Si le modèle donne une classe négative pour un exemple d'une classe négative, le résultat est une classe correcte négative (CN), si, par contre, la classe de l'exemple est positive le résultat est qualifié de classe fausse négative (FN).

La matrice de confusion (table 2.1) est une matrice qui contient en lignes les observations y, et en colonnes les prédictions $\hat{f}(x)$. Les éléments de la matrice représentent le nombre d'exemples correspondants à chaque cas.

TABLE 2.1 – Matrice de confusion pour la classification binaire

Observations (y)	Prédictions ($\hat{f}$)	
	+1	-1
+1	CP	FN
-1	FP	CN

Un modèle sans erreurs aura ses résultats concentrés sur la diagonale de sa matrice de confusion (CP et CN). Dans le cas multiclasse la matrice sera plus large avec les classes possibles au lieu des deux classes +1 et -1. La précision P du modèle peut être calculée à partir de la matrice de confusion comme suit :

$$P = \frac{CP + CN}{CP + FP + CN + FN} \quad (2.56)$$

Deux autres mesures sont utilisées dans la littérature : la sensitivité Sv et la spécificité Sp. La sensitivité représente le rapport entre les observations positives correctement prédites et le nombre des observations positives, et la spécificité représente le rapport entre les observations négatives correctement prédites et le nombre total des observations négatives (équation 2.57).

$$\begin{cases} Sv = & \frac{CP}{CP+FN} \\ Sp = & \frac{CN}{CN+FP} \end{cases} \quad (2.57)$$

Une autre métrique calculée à base de la sensitivité et la spécificité est utilisé par les auteurs de [69]. C'est la moyenne harmonique (équation 2.58).

$$\text{Moyenne} \quad \text{harmonique} = \frac{2 \times Sv \times Sp}{Sv + Sp} \quad (2.58)$$

2.8.2 Évaluation

La qualité d'un modèle de décision obtenu par la méthode SVM dépend de plusieurs paramètres, à savoir le paramètre de pénalisation sur les multiplicateurs de Lagrange C, le noyau utilisé et ses paramètres (σ dans le cas du noyau Gassien) et les exemples utilisés pour l'entrainement (les vecteurs supports).

Le choix des valeurs de ces paramètres se fait actuellement à travers plusieurs essais et évaluation pour atteindre des performances satisfaisantes du modèle. Les paramètres (C^*, K^*, σ^*)

optimaux pour un modèle donné sont les paramètres qui lui permettent de donner une précision de 100%.

Cette situation serait idéale si l'ensemble des exemples représentait parfaitement l'ensemble de tous les exemples possibles. Le modèle appris peut donner une très grande précision face aux exemples d'entrainement, mais se comporte très mal avec les nouveaux exemples.

Cela représente un phénomène très connu en apprentissage qui est le sur-apprentissage ou l'apprentissage par cœur. Le sur-apprentissage donne, généralement, des modèles à faible capacité de généralisation, et par conséquent la mesure de précision n'est pas suffisante pour qualifier les performances d'un modèle. Les méthodes d'évaluation permettent de tirer des conclusions sur le comportement d'un modèle face à tout l'espace d'exemples en limitant l'influence des exemples d'entrainement et du bruit qui peut y exister (erreurs d'étiquetage, erreurs d'acquisition, ...) et leur ordre sur le modèle appris.

2.8.2.1 Méthode HoldOut

La méthode HoldOut suppose que les exemples disponibles couvrent suffisamment tout l'espace d'exemples. Elle consiste à diviser l'ensemble des données en deux parties, la première partie est utilisée pour l'entrainement et la deuxième pour les tests. Le test du modèle obtenu sur la partie de test permet de donner une idée sur son comportement en dehors des exemples d'entrainement et éviter le phénomène de sur-apprentissage. Le modèle qui maximise la précision pour tout l'espace d'exemple est donc celui qui la maximise pour la partie de test du fait que cette partie représente la majorité de l'espace.

Une question importante qui se pose pour cette méthode est comment choisir les deux parties, puisque ce choix a une grande influence sur la qualité du modèle. Le pire est de mettre les exemples positifs dans une partie et les exemples négatifs dans l'autre. La méthode qui suit répond à cette question.

2.8.2.2 Validation croisée

Pour minimiser l'influence du choix du partitionnement de l'ensemble des exemples, la validation croisée subdivise l'ensemble d'entrainement initial en k sous ensemble disjoints $D_1, D_2, .., D_k$ de même taille. L'entrainement et le test sont effectués k fois. A l'itération i le sous-ensemble D_i est réservé pour le test et le reste des exemples sont utilisés pour entrainer le modèle. La précision finale du modèle est égale à la moyenne des k précisions de test.

La méthode Leave-One-Out [62] est un cas particulier de la validation croisée où $k = N$. À chaque itération, le modèle est entrainé sur $N - 1$ exemples et testé sur l'exemple exclu de l'entrainement. On obtient à la fin N précisions, la précision du modèle est égale à leur moyenne.

2.8.2.3 Le Bootstrap

La méthode de Bootstrap [49], appelée aussi échantillonnage par remplacement, entraine le modèle sur un ensemble de N exemples choisis aléatoirement de l'ensemble des exemples, des exemples peuvent être choisis plus d'une fois et d'autre ne se seront pas choisis du tout. Les exemples non choisis pour l'entrainement sont utilisés pour le test. Cette opération peut être répétée plusieurs fois pour obtenir une précision moyenne du modèle.

Parmi les méthodes de Bootstrap les plus utilisées, la méthode ".632" qui tire son nom du fait que 63.2 % des exemples contribuent à l'entrainement et les restants (36.8%) contribuent aux tests.

À chaque prélèvement, un exemple a une probabilité $1/N$ d'être choisi et $(1 - 1/N)$ de ne pas l'être, et puisqu'on répète le prélèvement N fois, chaque exemple aura une probabilité de $(1 - 1/N)^N$ de ne pas être choisi du tout dans un ensemble d'entrainement. Si N est grand cette probabilité approche de $e^{-1} = 0.368$. La méthode répète le processus k fois et la précision finale P est donnée par :

$$P = \sum_{i=1}^{k} (0.632 \times Pi_{test} + 0.368 \times Pi_{entr}) \qquad (2.59)$$

Où Pi_{test} est la précision du modèle entrainé sur les exemples choisis dans l'itération i, appliqué sur les exemples de test dans la même itération. Pi_{entr} est la précision du même modèle appliqué sur les données d'entrainement.

2.9 Conclusion et bilan

Dans ce chapitre, nous avons introduit les machines à vecteur support, leur fondement théorique et leurs différentes variantes sans être très exhaustifs. Nous nous sommes concentrés sur les principaux principes utilisés dans l'analyse des bases de données sans beaucoup approfondir les détails théoriques. De tels détails peuvent être trouvés dans la littérature notamment [150, 138, 140, 130, 136].

En les comparant aux autres méthodes d'apprentissage tel que les réseaux de neurones et les arbres de décision, les SVMs sont en avance dans plusieurs points :

- Les SVMs permettent de traiter plusieurs problèmes de datamining : classification, régression, clustering, détection des outliers,...etc.
- Les SVMs permettent de traiter les données numériques et symboliques, ce qui les a favorisées dans plusieurs applications complexes tel que le textmining, la reconnaissance des images, la reconnaissance vocale, les séquences biologiques,...etc.
- Les capacités de généralisation et la simplicité d'entrainement des SVMs sont bien au delà des autres méthodes.
- Les SVMs sont très efficaces sur les données à nombre élevé d'attributs, même avec peu d'exemples. Elles n'imposent aucune limite sur le nombre d'attributs sauf les limites imposées par le hardware.

Les algorithmes d'optimisation présentés dans ce chapitre tels que SMO sont des algorithmes très utilisés pour l'analyse des bases de données. Les méthodes d'évaluation sont également d'une grande importance pour la validation des machines apprises. Nous allons revenir sur ces algorithmes dans le chapitre suivant pour mettre l'accent sur leur utilisation et spécificités dans le cas les bases de données.

Chapitre 3

SVMs et analyse des bases de données

3.1 Introduction

Les machines à vecteur support présentées au chapitre précédent sont des outils très puissants pour plusieurs tâches d'analyse des bases de données, et qui peuvent faire face à des problèmes difficiles à résoudre par les méthodes classiques d'analyse statistiques et de classification. Les SVMs viennent même d'être intégrées dans des systèmes de gestion de bases de données tels que Oracle, qui présente à partir de sa version 10g une intégration complète des SVMs [104].

En effet, l'analyse des bases de données dans les différentes étapes du processus du data mining peut profiter de la robustesse des SVMs pour améliorer ses performances. Dans ce chapitre, nous allons essayer de focaliser notre étude sur les possibilités d'utilisation des SVMs dans les différents niveaux du processus de data mining. Deux principales phases du processus peuvent profiter des capacités des SVMs, la phase de préparation et la phase d'extraction des connaissances. Le chapitre commence par la présentation du domaine de data mining, son processus, ses outils et ses méthodes, ensuite il met l'accent sur les différentes utilisations des SVMs dans l'analyse des bases de données

3.2 Analyse des bases de données

L'analyse des bases de données étudiée dans cette thèse s'intègre dans le processus d'extraction des connaissances à partir des données ECD ou (KDD : Knowledge Discovery from Data en anglais). Ce domaine en pleine expansion est souvent appelé le data mining. Le terme data mining, ou exploration des données, est un domaine très jeune qui traite de l'extraction des connaissances à partir des grandes quantités de données. Le data mining est souvent défini comme le processus de découverte des nouvelles connaissances en examinant de larges quantités de données (stockées dans des entrepôts) en utilisant les technologies de reconnaissance de formes de même que les techniques statistiques et mathématiques. Ces connaissances, qu'on ignore au début, peuvent être des corrélations, des patterns ou des tendances générales de ces données [64].

La science et l'ingénierie modernes sont basées sur l'idée d'analyser les problèmes pour comprendre leurs principes pour leur développer les modèles mathématiques adéquats [36]. Les données expérimentales sont utilisées par la suite pour vérifier la correction du système ou l'estimation de quelques paramètres difficiles à la modélisation mathématiques. Cependant, dans la majorité des cas, les systèmes n'ont pas de principes compris ou qui sont trop complexes pour la modélisation mathématique. Avec le développent des ordinateurs, on a pu rassembler de très grandes quantités de données à propos de ces systèmes. Le data mining vise à exploiter ces données pour extraire des modèles en estimant les relations entre les variables d'entrées et de sorties de ses systèmes.

En effet, chaque jour nos banques, nos hôpitaux, nos institutions scientifiques, nos magasins, ... produisent et enregistrent des milliards et des milliards de données. Le data mining représente tout le processus utilisant les techniques informatiques, y compris les plus récentes, pour extraire les connaissances utiles à partir de ces données.

Actuellement, le data mining utilise divers outils manuels et automatiques : on commence par la description des données, résumer leurs attributs statistiques (moyennes, variances, covariance,...etc), les visualiser en utilisant les courbes, les graphes, les diagrammes, et enfin rechercher les liens significatifs potentiels entre les variables tels que les valeurs qui se répètent ensemble. La description des données toute seule ne fournit pas un plan d'action. On doit bâtir un modèle de prédiction basé sur les informations découvertes.

Les bases de données, dans ce contexte, sont utilisées dans plusieurs étapes du processus de data mining et les objectifs et les outils de leur analyse dépendent de chaque étape.

3.3 Processus de data mining

Il est très important de comprendre que le data mining n'est pas seulement le problème de découverte de modèles dans un ensemble de données. Ce n'est qu'une seule étape dans tout un processus suivi par les scientifiques, les ingénieurs ou toute autre personne qui cherche à extraire les connaissances à partir des données. En 1996 un groupe d'analystes définit le data mining comme étant un processus composé de cinq étapes sous le standard CRISP-DM (Cross-Industry Standard Process for Data Mining) [30] comme schématisé dans la figure 3.1 :

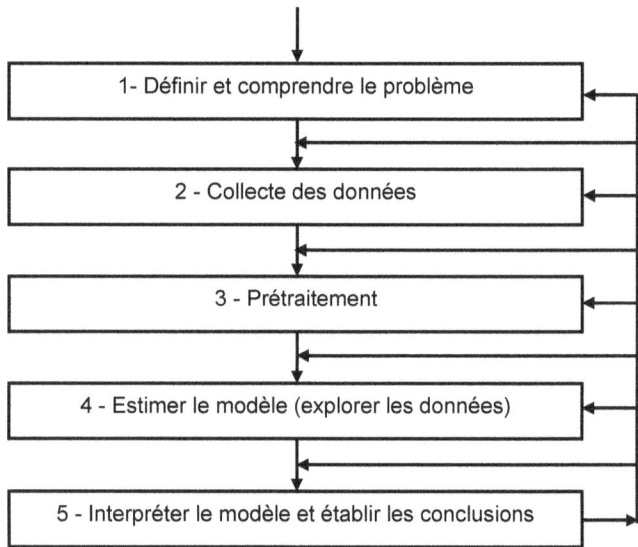

FIGURE 3.1 – Processus de data mining (CRISP-DM)

Ce processus, composé de cinq étapes, n'est pas linéaire, on peut avoir besoin de revenir à des étapes précédentes pour corriger ou ajouter des données. Par exemple, on peut découvrir à l'étape d'exploration (5) de nouvelles données qui nécessitent d'être ajoutées aux données initiales à l'étape de collection (2). Décrivons maintenant ces étapes :

3.3.1 Définition et compréhension du problème

Dans la plupart des cas, il est indispensable de comprendre la signification des données et le domaine à explorer, sans cette compréhension, aucun algorithme ne va donner un résultat fiable. En effet, Avec la compréhension du problème, on peut préparer les données nécessaires à l'exploration et interpréter correctement les résultats obtenus.

Généralement, le data mining est effectué dans un domaine particulier (banques, médecine, biologie, marketing, ...etc) où la connaissance et l'expérience dans ce domaine jouent un rôle très important dans la définition du problème, l'orientation de l'exploration et l'explication des résultats obtenus.

Une bonne compréhension du problème comporte une mesure des résultats de l'exploration, et éventuellement une justification de son coût, c-à-d pouvoir évaluer les résultats obtenus et convaincre l'utilisateur de leur rentabilité.

3.3.2 Collecte des données

Dans cette étape, on s'intéresse à la manière dont les données sont générées et collectées. D'après la définition du problème et des objectifs du data mining, on peut avoir une idée sur les données qui doivent être utilisées. Ces données n'ont pas toujours le même format et la même structure. On peut avoir des textes, des bases de données, des pages web, ...etc. Parfois, on est amené à prendre une copie d'un système d'information en cours d'exécution, puis ramasser les données de sources éventuellement hétérogènes (fichiers, bases de données relationnelles, temporelles, ...). Quelques traitements ne nécessitent qu'une partie des données, on doit alors sélectionner les données adéquates.

3.3.3 Prétraitement

Les données collectées doivent être "préparées" [121]. Avant tout, elles doivent être nettoyées puisqu'elles peuvent contenir plusieurs types d'anomalies : des données peuvent être omises à cause des erreurs de frappe ou à causes des erreurs dues au système lui-même, dans ce cas il faut remplacer ces données ou éliminer complètement leurs enregistrements. Des données peuvent être incohérentes c-à-d sortent des intervalles permis, on doit les écarter où les normaliser.

Parfois on est obligé à faire des transformations sur les données pour unifier leur poids. La projection des données dans un intervalle bien précis tel que [0,1] ou [0,100] ; est un exemple de ces transformations.

Le prétraitement comporte aussi la réduction des données [152] qui permet de réduire le nombre d'attributs pour accélérer les calculs et représenter les données sous un format optimal pour l'exploration.

Dans la majorité des cas, le pré-traitement doit préparer des informations globales sur les données pour les étapes qui suivent tel que la tendance centrale des données (moyenne, médiane, mode), le maximum et le minimum, le rang, les quartiles, la variance, ... etc.

Plusieurs techniques de visualisation des données telles que les courbes, les diagrammes, les graphes,... etc, peuvent aider à la sélection et le nettoyage des données.

Une fois les données collectées, nettoyées et prétraitées on les appelle entrepôt de données (data warehouse).

3.3.4 Estimation du modèle

Dans cette étape, on doit choisir la bonne technique pour extraire les connaissances (exploration) des données. Pour cela, des techniques telles que les réseaux de neurones, les arbres de décision, les réseaux bayésiens, le clustering, ... sont utilisées.

Généralement, plusieurs techniques sont utilisées ensemble, puis le modèle de décision le plus précis est utilisé.

3.3.5 Interprétation du modèle et établissement des conclusions

Généralement, l'objectif du data mining consiste à aider à la prise de décision en fournissant des modèles compréhensibles aux utilisateurs. En effet, les utilisateurs ne demandent pas des pages et des pages de chiffres, mais des interprétations des modèles obtenus.

Les expériences montrent que les modèles simples sont plus compréhensibles mais moins précis, alors que ceux complexes sont plus précis mais difficiles à interpréter.

3.4 Structure des bases de données à analyser

Le composant de base d'un processus de data mining est l'ensemble d'exemples représentants les données à explorer. Quelque soit la nature des données à analyser, le data mining est effectué sur un ensemble d'exemple représenté chacun sous forme d'une ligne caractérisée par un ensemble d'attributs. Dans le cas des bases de données, un exemple est un enregistrement composé d'un ensemble de champs.

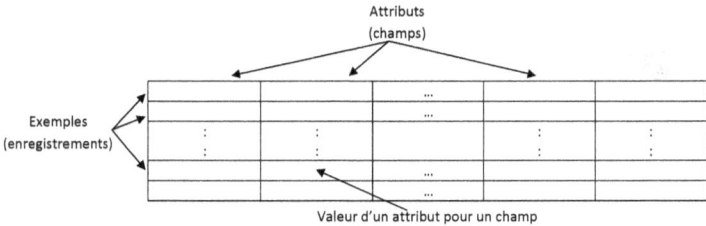

FIGURE 3.2 – Structure générale d'une table à analyser

Les attributs ou les champs sont de deux types : numériques ou symboliques. Les attributs numériques qui comportent les variables réelles ou entières tel que la longueur, le poids, l'âge, ... etc. sont caractérisés par une relation d'ordre $(5 < 7.5)$ et une mesure de distance $(D(5, 7.5) = 2.5)$.

Les attributs symboliques (appelées aussi catégoriels) tel que la couleur, l'adresse ou le groupe sanguin ne possèdent aucune de ces caractéristiques. Deux variables symboliques ne peuvent être qu'égales ou différentes.

Il est clair que la relation d'ordre dans le cas d'attributs numériques permet de calculer dans un ensemble d'enregistrements, un max, un min, une moyenne, une distance, ...etc. Alors que dans le cas d'attributs symboliques ceci est impossible : comment calculer la moyenne, la variance ou la distance entre des adresses ? Dans ce cas, de nouvelles mesures doivent être développées pour chaque technique de data mining.

Théoriquement, plus le nombre d'exemples est important, meilleure est la précision de l'analyse. Mais en pratique, beaucoup de difficultés peuvent être rencontrées avec les grandes bases de données (des milliards d'enregistrements). En effet, les bases de données de nos jours sont immenses au point où elles épuisent même les supports de stockage, et nécessitent pour être analysées les machines les plus puissantes et les techniques les plus performantes.

Un premier problème avec les bases de données immenses, est celui de leur préparation à l'analyse, puisque la qualité des données analysées influence directement les résultats d'analyse. La préparation doit tenir compte d'un certain nombre de points :
- Les données doivent être précises : les noms doivent être écrits correctement, les valeurs doivent être dans les bons intervalles et doivent être complètes,
- Les données doivent être enregistrées dans les bons formats : une valeur numérique ne doit pas être enregistrée sous format caractère, une valeur entière ne doit pas être réelle,...etc,

– La redondance doit être éliminée ou au moins minimisée,

– ...etc.

Dans le cas d'un nombre limité d'exemples, la préparation peut être semi-automatique ou même manuelle, mais dans notre cas, la préparation automatique s'impose. Les enregistrements sont regroupés dans des tables de bases de données de différents types et l'analyse effectuée et le choix de ses outils dépendent fortement du type de la base de données à analyser. En fait, les bases de données relationnelles, les bases de données transactionnelles, les systèmes avancés de bases de données, les streams et les bases de données spatiales et multimédia représentent les types les plus utilisés [64, 46].

Entrepôt de données

Les bases de données analysées sont généralement rassemblées dans des entrepôts de données *data warehouse*. Un entrepôt de données est un environnement structuré conçu pour stocker et analyser toutes les parties significatives d'un ensemble de données [121]. Les données sont physiquement et logiquement transformées de plusieurs applications sources dans une structure commerciale maintenue est mise à jour pour une longue période. Un entrepôt de données est généralement organisé autour d'un sujet majeur dans une entreprise tel que le client, le vendeur, le produit ou l'activité, ce qui affecte directement la conception et l'implémentation des données dans l'entrepôt de données. Les données de l'application source qui ne sont pas utilisées dans l'analyse pour atteindre les objectifs sont exclues de l'entrepôt de données. La figure 3.3 présente une architecture typique d'un entrepôt de données.

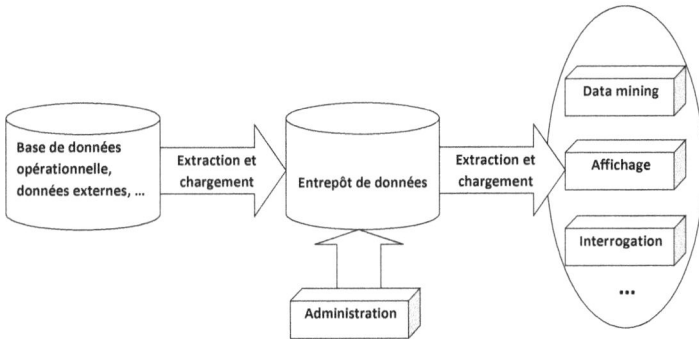

FIGURE 3.3 – Architecture d'un entrepôt de données

Les principaux composants d'un entrepôt de données sont : une base de données, des outils de chargement et d'extraction (acquisition), une plateforme d'administration et de gestion, des outils d'application tel que le data mining, l'interrogation, la visualisation et l'affichage [20].

3.5 Types d'analyse effectuées sur les bases de données

L'analyse des bases de données se fait généralement pour la découverte des informations qui se cachent dans les grandes quantités de données. Cependant la manipulation des bases de données peut être confrontée dans plusieurs phases du chemin vers la découverte des informations (figure 3.4). En effet, les bases de données peuvent être elles mêmes des sources naturelles de données tel que dans le cas des systèmes d'information dans une banque ou un supermarché.

Les bases de données peuvent être, aussi, construites après la phase d'extraction des caractéristiques d'un autre type de données. Après leur prétraitement, les données extraite, sont enregistrés dans un entrepôt de données sous forme de bases de données.

Après la phase d'extraction des connaissances, les informations extraites peuvent être enregistrées sous forme de bases de données.

Les étapes dans lesquelles les bases de données nécessitent d'être analysées sont les étapes de d'acquisition et d'extraction des connaissances.

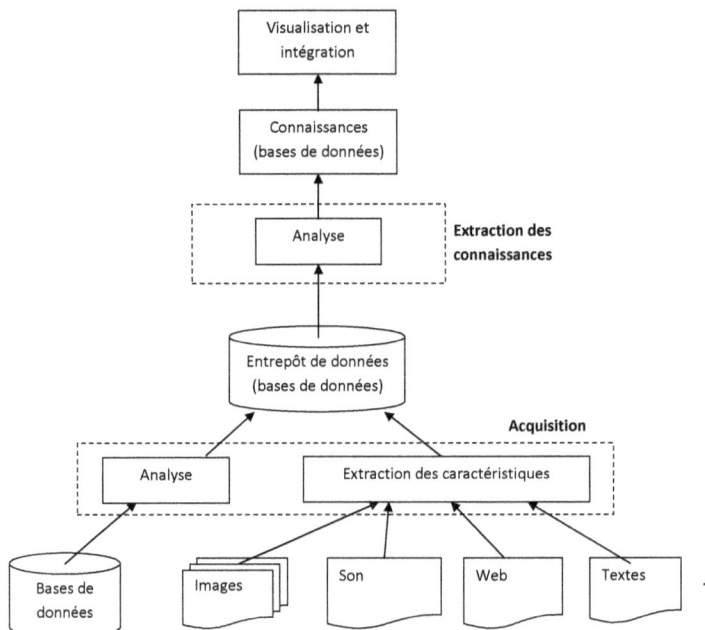

FIGURE 3.4 – Analyse des BDDs dans le processus de data mining

3.5.1 Niveau acquisition

Cette phase sert à rassembler les données susceptibles de contenir les informations qui répondent au problème posé. Selon le système produisant les données, plusieurs sources et types de données peuvent être utilisés. Dans le cas d'analyse d'un système d'information tel que dans une banque ou dans un supermarché, les données nécessaires à l'analyse peuvent être collectées de plusieurs tables de la base de données du système et rassemblées dans un entrepôt de données. Dans ce cas, l'analyse des bases de données consiste à effectuer toutes les opérations nécessaires à la préparation des données utilisées pour l'extraction des connaissances. La préparation des données est elle même un processus composé de plusieurs étapes, où chaque étape a ses techniques de traitement [121].

– **Résumé des données :** Permet d'obtenir une image globale des données à traiter tel que leur tendance centrale (moyenne, médiane et mode), leur dispersion (variance,rang , quartiles, ...etc) ou la visualisation graphique des données.

– **Nettoyage des données :** Le nettoyage vise à remplacer les données manquantes, compléter les données incomplètes, corriger les données erronées et filtrer les données bruitées.
– **Transformation des données :** La transformation des données consiste à les mettre dans des intervalles appropriés à l'analyse. Plusieurs techniques d'analyse nécessitent la présentation des sonnées dans des intervalles bien précis tel que [-1, 1], [0, 1], [0, 100].
– **Réduction des données :** La réduction des données, que ce soit en nombre d'attributs ou en nombre d'enregistrements, est très importante pour accélérer le processus d'exploration. Elle vise à simplifier le plus possible les données de départ sans toutefois affecter leur intégrité. On trouve deux types de réduction :
  – Réduction verticale : vise à réduire le nombre d'attributs souvent effectuée par des méthodes tel que l'ACP ou les mesures d'entropie.
  – Réduction horizontale : Consiste à réduire le nombre d'enregistrement en écartant ceux redondant ou ayant une faible importance dans la phase d'analyse.
– **Extraction des caractéristiques :** Dans le cas d'analyse des données tel que les images, la vidéo, les textes, les pages Web, ... etc, une phase d'extraction des caractéristiques permet de transformer les données de leur source en des bases de données (figure 3.4). A chaque exemple (objet : image, texte, page Web) est associé un vecteur de caractéristiques contenant les informations essentielles dans cet objet. L'opération d'extraction des caractéristiques est une analyse qui dépend de la nature des données analysées et des objectifs souhaités de cette analyse. Dans le cas de reconnaissance de visages humains, par exemple, l'extraction consiste à construire une bases de vecteurs représentant les traits des visages disponibles.

3.5.2 Niveau Extraction des connaissances

Les données préparées sont stockées dans des entrepôts de données qui sont directement accessibles par la phase d'extraction des connaissances. Dans cette phase, plusieurs techniques et outils sont utilisés selon les objectifs et les informations recherchées. Cependant, deux grandes tendances partagent ces techniques : la prédiction et la description. La prédiction englobe une famille de méthodes qui visent à utiliser les données disponibles pour prédire le comportement des données futures. La description englobe des méthodes qui visent à découvrir les modèles (patterns) compréhensibles par les humains et qui décrivent les données analysées.

La prédiction est un processus à deux étapes : une étape d'apprentissage (entrainement) et une étape de classification (utilisation). Dans l'étape d'apprentissage, un classifieur (une fonction, un ensemble de règles, ...) est construit en analysant (ou en apprenant de) une base de données d'exemples d'entrainement avec leurs classes respectives. Un exemple $X = (x_1, x_2, .., x_m)$ est représenté par un vecteur d'attributs de dimension m. Chaque exemple est supposé appartenir à une classe prédéfinie représentée dans un attribut particulier de la base de donnée appelé attribut de classe. Puisque la classe de chaque exemple est donnée, cette étape est aussi connue par l'apprentissage supervisé.

Dans l'étape de classification, le modèle construit dans la première étape est utilisé pour classer les nouvelles données. Mais avant de passer à l'utilisation, le modèle doit être testé pour s'assurer de sa capacité de généralisation sur les données non utilisées dans la phase d'entrainement. On trouve plusieurs techniques de prédiction.

3.5.2.1 L'apprentissage statistique

Les techniques d'apprentissage statistique se basent sur les lois statistiques, ce sont des méthodes qui reposent sur la théorie de Bayes représentant une référence théorique pour les approches statistiques de résolution des problèmes de classification [82, 120]. Les réseaux Bayésiens (ou réseaux de croyance) représentent l'application la plus connue de la théorie de bayes dans la classification. Ils sont beaucoup plus précis que d'autres techniques d'apprentissage, puisqu'ils, d'un côté, prennent en considération les dépendances entre les attributs, et d'un autre côté, peuvent intégrer des connaissances humaines au préalable. Malheureusement, ces réseaux sont très coûteux en temps de calcul pour l'apprentissage et l'espace nécessaire pour les stocker est aussi exhaustif [34].

3.5.2.2 Les réseaux de neurones

Les réseaux de neurones artificiels (RNA) sont inspirés de la méthode de travail du cerveau humain qui est totalement différente de celle d'un ordinateur. Certes, les réseaux de neurones artificiels permettent de surmonter le problème d'analyse d'un système donné pour le modéliser, on peut simuler son comportement uniquement à partir d'un certain nombre d'exemples observés. Mais, par contre, ils représentent des problèmes remarquables qui ont limité leur évolution en face d'autres techniques tel que les SVMs :
- Un réseau de neurones artificiel représente une boîte noire, et il est très difficile voire impossible de l'analyser et comprendre son fonctionnement en face d'un problème donné, ce qui empêche de choisir la structure (type, nombre de nœuds, organisation, connexions,...etc) la mieux adaptée à ce problème.
- L'ordre de présentation des exemples d'entrainement au réseau influe directement sur les résultats obtenus. Pour surmonter ce problème, il est nécessaire de répéter au moins la phase d'entrainement avec plusieurs ordres différents des exemples, ce qui augmente considérablement le temps d'apprentissage.
- Dans le cas des bases de données, les réseaux de neurones artificiels ne permettent pas de traiter des exemples avec des attributs symboliques qu'après un encodage adapté, à l'inverse de plusieurs autres techniques d'apprentissages tel que les SVMs et les arbres de décision.
- Les RNAs représentent un inconvénient majeur qui est leur sensibilité aux minimas locaux et la possibilité de leur divergence. L'ambiguïté de leur fonctionnement empêche d'éviter de tels cas.

Pour toutes ces raisons beaucoup de travaux récents de comparaison, tel que [14, 91, 87, 106], favorisent les SVMs par rapport aux RNAs dans plusieurs applications.

3.5.2.3 Les arbres de décision

Les arbres de décision représentent une méthode très efficace d'apprentissage supervisé. Il s'agit de partitionner un ensemble de données en des groupes les plus homogènes possible du point de vue de la variable à prédire. On prend en entrée un ensemble de données classées, et on fournit en sortie un arbre qui ressemble beaucoup à un diagramme d'orientation où chaque nœud final (feuille) représente une décision (une classe) et chaque nœud non final (interne) représente un test. Chaque feuille représente la décision d'appartenance à une classe des données vérifiant tous les tests du chemin menant de la racine à cette feuille [122].

Les arbres de décisions sont très répandus, à cause de la simplicité de lecture de leurs résultats et leur traitement naturels des cas multiclasse. Néanmoins, ils posent beaucoup de problèmes tel que :
- La difficulté de manipulation des attributs numériques,
- L'espace nécessaire pour leur déduction,
- Leur non scalabilité.

3.5.2.4 Les machines à vecteur support

La méthode des machine à vecteur supports présentée dans le chapitre 2 attire, actuellement, l'attention des chercheurs à plusieurs utilisations dans la plupart des domaines d'applications.

3.5.2.5 Régression

La régression est la méthode utilisée pour la prédiction des valeurs continues. Son objectif est de trouver le meilleur modèle qui décrit la relation entre une variable continue de sortie et une ou plusieurs variables d'entrée.

Dans la section 2.6, nous avons présenté le problème de régression et sa résolution par les SVRs. Dans l'analyse des bases de données, la régression est utilisée pour prédire des informations continues telle que la valeur d'une action d'une entreprise dans une bourse. Dans de tels cas, il est très important de tenir en compte les attributs symboliques dans le calcul de la fonction de régression.

La deuxième catégorie de techniques d'extraction des connaissance est la description. Elle vise à aider les humains à comprendre les données analysées en découvrant les modèles et les relations qui se cachent dans les grandes quantités de données. Elle comporte deux tâches principales, le clustering et la recherche des motifs fréquents.

3.5.2.6 Clustering

Le clustering regroupe un ensemble de techniques qui visent à regrouper les enregistrements d'une base de données en des groupes selon leur rapprochement les uns des autres en ne se basant sur aucune information antérieure, c'est un apprentissage non supervisé. Un système d'analyse en clusters prend en entrée un ensemble de données et une mesure de similarité entre ces données, et produit en sortie un ensemble de partitions décrivant la structure générale de l'ensemble de données [64].

La similarité entre les exemples peut être mesuré par la distance euclidienne, City blocs ou de Minkowksi si les attributs sont numériques. Si les attributs sont symboliques, la seule mesure qui existe, dans l'absence de toute information sur la signification des valeurs, c'est l'égalité ou l'inégalité. Plusieurs alogorithmes de clustering sont utilisés dans la littérature tel que le clustering hiérarchique, le clustering partitionnel ou le Clustering incrémental [75].

3.5.2.7 Analyse des motifs fréquents

Le problème de la découverte des motifs fréquents est un problème classique de data mining. Son objectif est de trouver les motifs qui apparaissent fréquemment dans une base de données. L'algorithme Apriori proposé par Agrawal et ses co-auteurs [5] est un algorithme de base qui permet d'extraire des motifs fréquents dans une base ayant plusieurs milliers d'attributs et plusieurs millions d'enregistrements. Il commence par chercher les motifs fréquents de longueur 1, puis combine ces motifs pour obtenir des motifs de longueur 2 et ne garde que les fréquents parmi eux, et ainsi de suite jusqu'à atteindre la longueur maximale.

3.5.3 Synthèse et bilan

Dans le processus de data mining, deux phases principales utilisent les bases de données et nécessitent leur analyse, le niveau acquisition et le niveau extraction des connaissance. Dans la premières phase, les bases de données sont filtrés, résumées, nettoyées et transformées. Dans la phase d'extraction de connaissances, des tâches telles que la classification, la régression ou le clustering sont effectuées sur les bases de données.

Dans les sections suivantes, nous allons discuter l'utilisation des machines à vecteur support pour couvrir ces tâches.

3.6   Utilisation des SVMs pour la préparation

Dans la phase de préparation des bases de données, les SVMs peuvent contribuer efficacement à l'amélioration de plusieurs tâches. En effet, les SVMs sont utilisées pour le lissage, le nettoyage et la réduction des données.

3.6.1   Lissage

Les SVMs peuvent être utilisées pour l'élimination ou le lissage du bruit dans une base de données en utilisant sa variante de régression. Si les attributs de la base sont numériques, l'algorithme de la section 2.6 peut être utilisé pour estimer une fonction représentant la forme générale de l'évolution d'un attribut en fonction des autres. Cette fonction est ensuite utilisée pour calculer les valeurs de l'attribut pour tous les enregistrements et remplacer les valeurs originales. Cette opération permet d'éliminer les valeurs extrêmes (outliers) et ne garder que les valeurs proches de l'allure générale des données.

L'avantage de l'utilisation de la méthode SVM par rapport aux autres méthodes est qu'elle peut être utilisée même si les exemples contiennent des attributs symboliques. L'utilisation des noyaux symboliques (voir section 3.7.1.1) permet le lissage des attributs numériques (classe) par régression en utilisant des attributs symboliques. La rapidité d'entrainement de la méthode SVM et l'existence des méthodes d'accélération favorisent aussi son utilisation.

3.6.2   Nettoyage

Pour nettoyer une base de données contenant des millions d'enregistrement, il est impossible de le faire manuellement. Une méthode automatique peut entrainer les SVMs sur un ensemble d'exemples corrects et d'autres erronés. Après l'apprentissage, tous les enregistrements de la base de données seront classés, les exemples corrects seront gardés et ceux erronés seront écartés. Dans [144], les auteurs ont utilisé la méthode SVMs pour le nettoyage des emails, les résultats obtenus montrent les avantages des SVMs par rapport à la méthode Baseline utilisée, en terme de précision.

Les auteurs de [109], proposent une technique pour le nettoyage des bases de données qui permet l'identification et l'élimination des doublons dans une base de données en se basant sur un apprentissage SVM des distances entre les enregistrements redondants.

Les SVMs peuvent être également utilisées pour la détection des enregistrements étranges (outliers) dans une base de données. Les données étranges peuvent affecter les performances de la plupart des méthodes d'analyse et falsifier les résultats de description ou de prédiction. Une solution consiste à effectuer un apprentissage SVM, puis écarter les enregistrements mal-classés ou qui se situent à l'intérieur de la marge de séparation puisqu'ils représentent des cas d'anomalies par rapport à l'ensemble des enregistrements de leurs classes.

L'utilisation remarquable et intéressante des SVMs pour la détection des outliers et celle des SVMs monoclasse qui permettent de trouver un hyperplan qui sépare l'ensemble des exemples du reste de l'espace. Généralement un tel hyperplan sépare les enregistrements étranges des enregistrements normaux en les classant dans le reste de l'espace.

3.6.3   Réduction verticale

Dans cette phase du processus de data mining, la réduction du nombre d'attributs permet d'optimiser les différents traitements par la suite. Dans la littérature, plusieurs méthodes sont utilisées. Dans [158], les auteurs proposent d'utiliser les SVMs pour réduire la dimensionnalité d'un ensemble de données. Cette approche commence par l'apprentissage d'un hyperplan séparateur de deux classes en utilisant tous les attributs, puis procède par éliminations successives des attributs selon leur importance dans les données, qui peut être calculée par l'estimateur de Fisher ou de Pearson. À chaque itération, un attribut est exclu et un hyperplan est appris et comparé avec l'hyperplan initial utilisant tous les attributs. Le processus s'arrête si le nouvel hyperplan représente une différence significative de l'hyperplan initial. À la fin, on obtient un ensemble de données avec uniquement les attributs ayant une importance significative sur la distinction des deux classes.

Une amélioration dans le même article consiste en l'utilisation des SVMs transductives (voir section 3.7.4) au lieu des SVMs classiques pour mesurer la séparation des deux classes. Les SVMs transductives permettent de prendre en compte lors de l'apprentissage, non seulement les exemples d'entrainement avec leurs classes, mais également les exemples de test mais sans leurs classes.

Dans [155], les auteurs proposent une méthode qui utilise les SVMs combinées avec un réseau bayésien pour réduire le nombre d'attributs. La liste des attributs est triée selon l'ordre décroissant de leur importance. On commence par un apprentissage avec uniquement le premier attribut, puis on ajoute à chaque itération l'attribut le plus important de la liste, jusqu'à arriver à un attribut qui n'améliore pas la qualité de l'hyperplan appris.

3.6.4 Réduction horizontale

La réduction des exemples permet d'éliminer de la base de données les enregistrements redondants ou ceux ayant une faible influence sur la phase d'analyse. Cette opération est très liée à la méthode d'analyse choisie. Elle peut être effectuée dans la phase d'acquisition des données ou même dans la phase d'extraction des connaissances avant de passer à l'analyse proprement dite. Par exemple, s'il s'agit d'apprendre un classifieur SVM, la réduction des exemples consistera en l'écartement des exemples les plus loin des frontières de séparation qui ont une faible chance d'être des vecteurs supports. C'est dans ce cadre que se classe notre contribution du chapitre 4.

3.7 Utilisation des SVMs pour l'extraction des connaissances

3.7.1 Classification

La classification est une tâche très importante dans le data mining, et qui consomme beaucoup de recherches pour son optimisation. La classification supervisée est l'une des techniques les plus utilisées dans l'analyse des bases de données. Elle permet d'apprendre des modèles de décision qui permettent de prédire le comportement des exemples futurs.

Dans ce contexte, les SVMs représentent un outil très récent, et qui commence à être même intégré dans les systèmes de gestion des bases de données tel que Oracle [104]. Cependant, lors de leur application pour l'apprentissage des bases de données, les SVMs sont confrontées à plusieurs problèmes liés à la nature des bases de données actuelles.

3.7.1.1 Les attributs symboliques

Les techniques d'apprentissage statistique tel que les SVMs sont généralement conçues pour travailler sur des données vectorielles ; chaque mesure est représentée par un ensemble de données numériques de taille fixe. Cependant, les bases de données contiennent à la fois des attributs numériques et d'autre symboliques. En effet, depuis une dizaine d'années, et sous la pression des applications notamment de langage naturel, du web, des séquences biologiques, d'analyse de scènes (images), d'analyse des réseaux sociaux ...etc, nous sommes confrontés à des problèmes dans lesquels la structure des données porte une information essentielle. Pour gérer ces problèmes, il est nécessaire de trouver un moyen de coder l'information structurelle, ou à défaut de comparer, ou calculer une mesure de similarité, entre deux structures.

La méthode SVM telle qu'elle a été présentée dans le chapitre 2, ne permet de classifier que des exemples ayant des attributs numériques à cause des opérations arithmétiques de calcul dans les différentes étapes d'apprentissage.

Pour permettre le traitement des attributs symboliques, la méthode SVM n'a qu'utiliser des noyaux permettant de calculer la distance entre deux valeurs symboliques dans l'espace de caractéristiques. Le calcul de la distance entre deux enregistrements peut être utilisé dans plusieurs tâches telles que le clustering et l'apprentissage. Une solution naïve consiste à considérer une distance nulle entre deux valeurs symboliques égales et une distance maximale entre deux valeurs différente. Cette solution n'est pas adaptée à la plupart des cas : si un seul caractère diffère entre deux mots, à cause d'une erreur de saisie ou différence de forme, ou même l'ajout d'un signe de ponctuation, la distance sera maximale et peut induire les résultats en erreur. D'autres techniques plus adaptées à de telles situations existent, elles sont inspirées du domaine de textmining [12].

En pratique, les données symboliques sont très variées, et peuvent avoir de différentes formes structurelles (séquences binaires, séquence d'ADN, arbres, ... etc). Dans [12] et [38], les auteurs approfondissent l'étude de plusieurs types de données symboliques et leur traitements. Dans ce qui suit, nous présentons les principaux noyaux adaptés aux attributs symboliques utilisés généralement dans les bases de données.

3.7.1.1.1 Le noyau sac-de-mots : Le noyau sac-de-mots [73, 102] permet de calculer la distance entre deux textes en les considérant comme des sacs de mots c-à-d sans tenir compte de l'ordre des mots dans ces textes. L'importance est donnée plutôt à la fréquence des mots. On commence par construire un dictionnaire des mots utilisés dans les deux textes, puis représenter chaque texte par un vecteur des fréquences d'apparition des mots du dictionnaire dans ce texte. Un texte T_i est représenté par un vecteur $V_i = (V_{i1}, \cdots, V_{im})$ où chaque valeur V_{ik} représente la fréquence d'apparition du mot d'indice k du dictionnaire dans le teste T_i. Le noyau représente la distance entre deux textes T_1 et T_2 donnée par le cosinus de l'angle θ entre les deux vecteurs représentant les deux textes (équation 3.1).

$$
\begin{aligned}
K(T_1, T_2) = cos(\theta) \quad &= \frac{\langle V_1, V_2 \rangle}{\|V_1 \cdot V_2\|} \\
&= \frac{\sum\limits_{k=1}^{m} V_{1k} V_{2k}}{\sqrt{(\sum\limits_{k=1}^{m} V_{1k}^2) \cdot (\sum\limits_{k=1}^{m} V_{2k}^2)}}
\end{aligned}
\tag{3.1}
$$

Ce noyau, simple à implémenter et peu exigeant en calcul, convient à des bases de données dont les champs symboliques contiennent plusieurs mots et l'ordre de ces mots dans le champ n'est pas important tel qu'un champ contenant la liste des items achetés, la liste des caractéristiques, les commentaires ...etc. Cependant, le noyau sac de mots échoue si l'ordre des mots dans le texte a de l'importance. Une autre lacune de ce noyau est qu'il considère deux mots différents même si l'un d'eux constitue une partie de l'autre.

3.7.1.1.2 Les noyaux pour les séquences de caractères : Les attributs symboliques, dans les bases de données, sont généralement composés de séquences de caractères. On peut considérer deux mots proches, s'ils partagent un nombre important de sous-séquences identiques. Cette approche permet de tenir compte des mots composés comme par exemple 'économie' et 'microéconomie' qui ne peuvent être traités par l'approche en sac de mots.

3.7.1.1.2.1 Le noyau *p-Spectrum* : C'est le noyau le plus simple de traitement des séquences, il a été proposé dans [90] pour la classification des protéines par SVM. Il permet de calculer le nombre de sous-séquences contiguës que peuvent avoir deux attributs symboliques en commun. Ce noyau tire sont principe du fait que plus le nombre de sous-séquences communes entre deux attributs est important, moins est la distance entre ces deux attributs.

Soit l'alphabet Σ, l'espace associé au noyau p-spectrum est de dimension $card(\Sigma)^p$, c-à-d le nombre de séquences de longueur p pouvant être composées de l'alphabet Σ.

Dans un noyau p-*Spectrum*, chaque séquence s est représentée, donc, par un vecteur $V^p = \{Card(V_u^p)/u \in \Sigma^p\}$, où chaque élément V_u^p est une sous-séquence de s de longueur p. Plus formellement :

$$\Phi_u^p(s) = card(\{(v_1, v_2)|s = v_1 u v_2\}, \quad u \in \Sigma^p) \tag{3.2}$$

Où $v_1 u v_2$ désigne la concaténation des séquences v_1, u et v_2, et $\Phi_u^p(s)$ désigne l'image de s dans l'espace de caractéristiques. Le noyau p-*Spectrum* est alors :

$$\begin{aligned} K_p(s_1, s_2) &= \langle \Phi^p(s_1), \Phi^p(s_2) \rangle \\ &= \sum_{u \in \Sigma^p} \Phi_u^p(s_1) \Phi_u^p(s_2) \end{aligned} \tag{3.3}$$

Le noyau compte, donc, toutes les sous-séquences de longueur p dans les deux chaînes puis calcule la somme des produits. Un cas particulier où $p = 1$ est appelé *bag-of-characters kernel*. La complexité de calcul du noyau p-*Spectrum* est en $O(|s_1| + |s_2|)$ c-à-d linéaire par rapport à la somme des longueurs des deux séquences.

3.7.1.1.2.2   Le noyau All-SubSequences   Ce noyau généralise le noyau p-*spectrum* au cas des sous-séquences même non contigües et de toute taille [135]. Ainsi, la fonction $\Phi(s)$ permet de plonger la séquence s dans un espace vectoriel dans lequel le $u^{ème}$ composant de $\Phi(s)$ indique la fréquence d'occurrence de la séquence u dans s.

Nous dirons que u est une sous-séquence non contigüe de s, s'il existe un ensemble $I = \{i_1, \cdots, i_{|u|}\}$ tel que $\forall j \in \{2, \cdots, |u|\}, i_{j-1} < i_j$ et $\forall j \in \{1, \cdots, |u|\}, u(j) = s(i_j)$ ($u(j)$ désignant le $j^{ème}$ élément de u). Nous noterons $s[I] = u$ pour désigner le fait que chaque élément de $u(j)$ est identique à l'élément $s(i_j)$ avec $i_j \in I$.

$$\begin{aligned} \Phi(s) &= \sum_{I:s[I]=u} 1 \\ &d'où, \\ K(s_1, s_2) &= \sum_{I_1, I_2: s_1[I_1] = s_2[I_2]} 1 \end{aligned} \tag{3.4}$$

L'avantage de ce noyau est qu'il est capable de capturer tous les motifs communs à deux séquences. La limite est que l'espace de projection est de très haute dimension entraînant un temps de calcul important.

Le noyau *All-SubSequences* a été étendu pour prendre en considération la contribution de toutes les sous-séquences. Il utilise une combinaison linéaire de plusieurs noyaux p-*spectrum* pondérés par des coefficients positifs. La transformation d'espace est donnée par :

$$\Phi_u(s) = \sqrt{w_u} \cdot |\{(v_1, v_2)|s = v_1 u v_2\}|, \quad u \in \Sigma^* \tag{3.5}$$

Le noyau est alors :

$$K(s_1, s_2) = \sum_{u \in \Sigma^*} \Phi_u(s_1) \Phi_u(s_2) \tag{3.6}$$

C'est le nombre d'occurrences de chaque sous-séquence u dans chacune des deux séquences s_1 et s_2 pondéré par w_u qui peut être préfixé ou calculé à partir des données [151].

3.7.1.1.2.3   Le noyau *String Subsequence Kernel* (SSK) :   L'un des inconvénients des noyaux traitant les sous-séquences non-contigües, vus précédemment, est qu'ils ne tiennent pas compte de la distance séparant les éléments non contigus.

En effet, prenons l'exemple de deux séquences *'aaab'* et *'aab'*, la séquence *'ab'* est une sous-séquence des deux premières mais elle est plus similaire à la deuxième qu'à la première. Or, les noyaux précédents attribueront la même valeur aux couples (*"aaab"*, *"ab"*) et (*"aab"*, *"ab"*).

Le noyau SSK [97] permet de tenir compte de la discontinuité dans le calcul de la similarité en pondérant les séquences en fonction de leurs tailles. Pour une séquence s, la fonction de projection $\Phi^{SSK}(s)$ sera définie pour tout $u \in \Sigma^n$ par :

$$\Phi^{SSK}(s) = \sum_{I:s[I]=u} \lambda^{Card(I)} \tag{3.7}$$

Où $\lambda \leq 1$ est un paramètre de normalisation. Le noyau SSK de paramètre n est donné par :

$$K_{SSK}^n(s_1, s_2) = \sum_{u \in \Sigma^n} \sum_{I:s_1[I]=u} \sum_{J:s_2[J]=u} \lambda^{Card(I)+Card(J)} \tag{3.8}$$

La complexité de ce noyau est de $O(n \cdot |s_1| \cdot |s_2|)$.

Plusieurs autres noyaux sont proposés dans la littérature [135, 12], et qui permettent de mesurer la similarité entre des structures plus compliquées telles que les arbres et les graphes.

Le choix de l'un de ces noyaux pour traiter un attribut dans une base de données peut être fixé après une analyse de la structure et la signification de cet attribut. Si par exemple l'attribut est composé de plusieurs séquences de caractères et que l'ordre des mots n'est pas important, le noyau *sac de mots* convient. Si par contre l'ordre est important, il préférable d'utiliser le noyau *All-SubSequences*.

Si la base de données comporte plusieurs attributs symboliques, on peut utiliser pour chaque attribut un noyau différent selon sa nature.

La distance entre deux enregistrements de la base de données peut être calculée par la combinaison de plusieurs noyaux symboliques avec un noyau pour les attributs numériques bien sûr après normalisation.

3.7.1.2   Le nombre élevé d'enregistrements

Dans les bases de données de nos jours, le nombre d'exemples est généralement très élevé, vu la rapidité de traitement et les grandes capacités de stockage disponibles. Cela joue en faveur de la précision, mais des limites telles que le temps de calcul, les mémoires de traitement et la complexité des structures de ces exemples, empêchent d'en profiter pleinement. des modèles construits puisque plus le nombre d'exemples est élevé, meilleure est la précision du modèle obtenu. Dans le cas d'apprentissage, la reconnaissance des nouveaux exemples dépend du nombre d'exemples utilisés pour l'entrainement.

L'enjeu est donc, de concevoir des algorithmes qui conduisent à des solutions les plus parcimonieuses possible, ce qui a pour effet immédiat, une réduction de la mémoire et du temps nécessaire pour l'apprentissage.

Le problème avec les SVMs, dans de telles situations, est leur capacité à apprendre des très grandes bases de données, à savoir avec des millions d'enregistrements, des centaines d'attributs et de dizaines de classes, en des temps raisonnables.

Par exemple, l'algorithme SMO présenté dans la section 2.7, est d'une complexité $O(MN^2)$ si M est le nombre d'attributs et N est le nombre d'enregistrements. Une telle complexité ne peut être supportée pour l'apprentissage des grandes bases de données [99], du fait du coût quadratique de l'algorithme. La complexité des SVMs doit être donc réduite pour pouvoir analyser d'immenses bases de données. Pour en arriver là, deux grandes solutions existent : l'utilisation des algorithmes SVM enligne et la réduction des exemples.

3.7.1.2.1   Utilisation des SVMs enligne :
L'apprentissage enligne pose un problème assez particulier. En effet on s'impose de ne jamais revenir en arrière dans les données. En pratique, tout exemple ne peut être considéré qu'une seule fois pour l'apprentissage et tout exemple nonretenu est définitivement oublié. Il faut donc, à la fois, retenir suffisamment d'exemples pour

pouvoir résoudre le problème traité et en oublier suffisamment pour ne pas garder en mémoire trop d'informations. La SVM enligne utilise ce principe pour accélérer l'apprentissage dans les grandes bases de données. En particulier, l'algorithme LASVM [99] et ses variantes, ont été testées sur la base de donnés MNIST [54] de 8 millions d'enregistrements et de 784 attributs, et ont donné de très bons résultats.

Le problème avec les SVMs enligne est leur faible précision. En effet, le fait d'oublier définitivement des exemples, réduit les capacités de généralisation de la machine apprise.

3.7.1.2.2 Réduction des exemples d'entrainement : La réduction des exemples permet de sélectionner parmi l'ensemble d'apprentissage, un sous-ensemble réduit d'exemples contenant uniquement ceux qui semblent influencer plus la capacités de séparation des classes. Notre contribution dans le chapitre 4, entre dans ce cadre. La méthode proposée permet de réduire significativement le nombre d'exemples de la base de données puis effectuer un apprentissage offline. Les résultats obtenus montrent les performances de cette solution.

3.7.2 Régression

Nous avons présenté, dans la section 3.5.2.5, la résolution du problème de la régression par l'utilisation des SVMs. Dans cette section, on s'intéresse particulièrement à la résolution du problème de régression dans les bases de données par la méthode SVM, et aux problèmes liés. Les SVRs (Support Vector Regressors) sont utilisés particulièrement pour la prédiction des séries temporelles dans les bases de données temporelles dans plusieurs application [79, 146, 107].

En effet, La régression peut être effectuée par la méthode SVM mais les problèmes qui se posent sont les mêmes posées pour la classification : les attributs symboliques et le problème du grand nombre d'enregistrements. Heureusement les solutions sont presque les mêmes que pour la classification. Pour les attributs symboliques, les noyaux vus dans la section précédente peuvent être utilisés. Pour le problème de temps d'entrainement, la SVR enligne est utilisée.

La SVR enligne (Online Support Vector Regression) est une technique utilisée pour construire les machines à vecteur support pour la régression avec la possibilité d'ajouter et retirer des exemples d'entrainement sans avoir à entrainer la machine sur tout l'ensemble d'exemples. Rappelons de la section 2.6 que le problème de régression peut être résolut en trouvant un hypertube de marge 2ϵ qui enveloppe les exemples d'entrainement et que cet hypertube est déterminé dans l'espace de caractéristique par son hyperplan central. La SVR enligne partitionne les exemples d'entrainement en trois ensembles :

- S : ensemble des supports : correspondants aux exemples qui se trouvent sur les limites de l'hypertube.
- E : ensemble des erreurs : correspondants aux exemples mal-classés laissés hors de l'hypertube lors de l'apprentissage.
- R : ensemble restants : correspondants aux exemples bien classés à l'intérieur de l'hypertube.

L'idée de l'algorithme de la régression à vecteurs supports enligne consiste, pour ajouter un nouvel exemple d'entrainement x_c, à vérifier sa position par rapport à l'hypertube. S'il est à l'intérieur, il est ajouté à l'ensemble R et l'hyperplan reste inchangé. Sinon il est ajouté à l'un des deux ensembles S et E et l'hyperplan est ajusté selon la position de cet exemple [115].

Le problème de cet algorithme est la taille des différents ensembles, puisque si elle est importante, on risque de perdre beaucoup de temps dans le calcul des mises à jour. Pour résoudre ce problème, on garde toujours les exemples de l'ensemble des supports et l'ensemble des erreurs et les exemples de plus faible écart de l'hyperplan parmi les exemples de l'ensemble restant.

Généralement les ensembles des supports et des erreurs sont très réduit par rapport à l'ensemble des exemples. La majorité des exemples tombe dans l'ensemble restant, et son filtrage permet d'optimiser considérablement la régression à vecteur support enligne.

Cet algorithme convient particulièrement aux grandes bases de données puisque l'évolution de son temps d'exécution est linéaire par rapport aux nombre de données. Il peut être appliqué également pour la prédiction des séries temporelles dans les bases de données temporelles. Les applications d'un tel algorithme sont nombreuses, on peut citer, par exemple, la prédiction des valeurs des actions dans une bourse. Dans un scénario enligne, on peut prédire la valeur d'une action à l'instant t puis lorsque sa valeur réelle sera disponible à l'instant $t + 1$ le modèle sera renforcé par cette nouvelle information.

3.7.3 Clustering

Contrairement à la méthode des réseaux de neurones multicouches, la méthode SVM peut être formulée pour les problèmes monoclasse. La méthode SVM monoclasse, présentée dans la section 2.5, peut être utilisée pour détecter les données étranges et même pour les problèmes de clustering.

L'idée de base du clustering à vecteur support (SVC : *Support Vector Clustering*) est de rechercher, dans l'espace de caractéristiques, la plus petite hypersphère qui englobe la plupart des exemples. Dans l'espace original, cette hypersphère correspond à des formes de contours qui séparent les exemples. Ces contours représentent les frontières entre les clusters et les exemples entourés par le même contour sont associés au même cluster (figure 3.5). Particulièrement, le noyau Gaussien possède une caractéristique très intéressante dans ce contexte : la réduction de la largeur de son tube (paramètre σ) permet d'augmenter le nombre de clusters dans l'espace d'origine, ce qui peut se traduire par le contrôle du niveau de clustering.

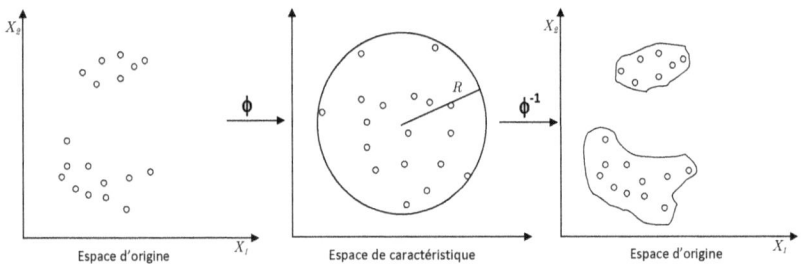

FIGURE 3.5 – Idée de base du clustering par vecteurs supports

La détermination de l'hypersphère dans l'espace de caractéristiques, peut être atteinte par la résolution de l'équation 2.46. Le résultat est une fonction de décision (équation 2.48) qui donne une valeur positive pour tous les exemples qui se trouvent dans l'hypersphère et une valeur négative pour les exemples ailleurs.

Malheureusement, ce n'est pas suffisant pour effectuer le clustering. La fonction de décision trouvée permet seulement de vérifier si un exemple appartient à l'ensemble de données ou non, ce qui ne donne qu'une description des clusters et n'associe pas les exemples aux différents clusters. Pour le faire, on a besoin d'une deuxième phase appelée *"affectation des clusters"*.

L'affectation des clusters se base sur une observation géométrique intéressante : si deux exemples appartiennent à deux clusters différents, la ligne qui les relie dans l'espace original doit passer par des exemples qui n'appartiennent pas à l'ensemble des données tel que pour les exemples x_1 et x_4 dans la figure 3.6, c-à-d en se déplaçant de x_1 vers x_4 dans l'espace de caractéristique, on sort et on revient à l'hypersphère.

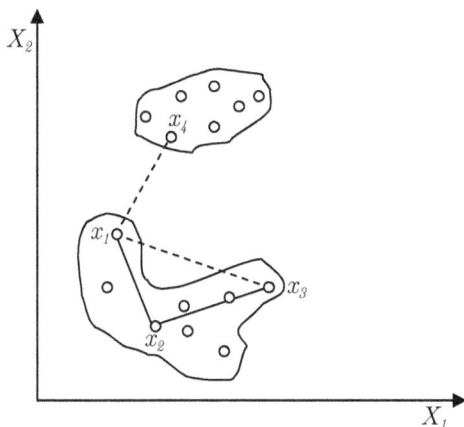

FIGURE 3.6 – Affectation des clusters

Dans des situations telles que pour les exemples x_1 et x_3, la ligne les reliant sort et revient à l'hypersphère malgré qu'ils appartiennent au même cluster. Pour résoudre ce problème, on construit généralement un graphe de connexions dont les lignes ne sortent pas de l'hypersphère. Les clusters correspondent alors aux composantes connexes du graphe.

Dans l'exemple de la figure 3.6, les exemples x_1, x_2 et x_3 sont reliés par des segments qui ne sortent pas de l'hypersphère, et sont mis, par conséquent, dans le même cluster. L'exemple x_4 n'est relié à aucun de ces exemples, il est mis alors dans un cluster différent.

Cette solution nécessite l'échantillonnage des segments entre chaque paire d'exemples, ce qui implique un compromis entre la précision et le temps d'échantillonnage. Un pas très réduit nécessite un temps très important de calcul et un pas large risque d'omettre des exemples importants et produire de fausses connexions. Plusieurs optimisations ont été proposées, tel que dans [17] où on construit un graphe entre les vecteurs supports et le reste des exemples au lieu d'un graphe entre toutes les paires d'exemples.

Une solution plus robuste est proposée dans [88] qui se base sur un principe différent. L'idée commence par trouver une hypersphère approximative qui couvre les exemples dans l'espace de caractéristiques et trouver par conséquent un ensemble de vecteurs supports. Les vecteurs supports sont ensuite couverts par des cônes dans l'espace de caractéristiques qui correspondent à des hypersphères dans l'espace original. Toutes les hypersphères ont le même rayon Z et centrées chacune autour d'un vecteur support. La méthode partitionne ensuite les exemples comme suit :

– Chaque deux vecteurs supports dont la distance est inférieure à $2Z$ sont connectés pour construire un graphe d'adjacence,
– Calculer les composantes connexes du graphe construit (qui représentent les clusters).
– Affecter chacun du reste d'exemples au cluster contenant le vecteur support le plus proche si et seulement si la distance entre eux est au maximum Z.
– Affecter les exemples restant (non affectés) au cluster de l'exemple le plus proche.

Une étude détaillée de ces méthodes et quelques autres peut être trouvée dans [125].

3.7.4 Renforcement

Nous avons vu, jusqu'à maintenant, deux types d'apprentissage, l'apprentissage supervisé matérialisé par les méthodes de classification et de prédiction, et l'apprentissage non supervisé matérialisé par les motifs fréquents et le clustering. Dans le premier type d'apprentissage, les classes des exemples sont connues et l'objectif est de trouver un modèle qui permet de prédire les classes des exemples futurs. Dans le deuxième type, on ignore les classes des exemples, et on cherche à partitionner les exemples en des clusters selon leur similarité.

Un autre type d'apprentissage se situe entre les deux, c'est l'apprentissage semi-supervisé ou le renforcement. Ce type d'apprentissage est utile lorsque les exemples étiquetés sont très peu par rapport aux exemples non étiquetés tel que dans les cas où l'obtention des exemples est facile et la connaissance de leurs classes est très couteuse. Les exemples d'applications sont nombreux :
 – Les patients qui se présentent à un centre de traitement des maladies cancéreuses sont nombreux, mais les informations sur leurs infections sont très difficile et très couteuses à connaître,
 – Dans la reconnaissance de la parole, il est facile d'enregistrer des millions d'exemples, mais leur classification nécessite l'écoute par un être humain et leur transcription,
 – Des milliards de pages web sont disponibles pour l'analyse automatique, mais leur classification nécessite leur lecture par un être humain,
 – ...etc.

Le renforcement démarre d'un ensemble de données qui contient à la fois des exemples dont on connaît les classes et d'autres non. Si l'objectif est de faire un clustering, on essaye de clusterer les données non classées en exploitant les informations sur les données déjà clusterées ce qui facilite la tâche de clustering par l'affectation, par exemple, de chaque exemple non étiqueté au cluster de l'exemple étiqueté le plus proche. Si par contre l'objectif est de faire une prédiction, on essaye de trouver un modèle de décision en se basant sur les exemples classés tout en exploitant les informations disponibles sur les exemples non classés ce qui est appelé la transduction [4].

Prédiction semi-supervisée

Le problème de prédiction semi-supervisée se pose comme suit, l'ensemble de données d'apprentissage $X = \{x_i | i = 1..N\}$ peut être divisé en deux parties : $X_l = \{x_i | i = 1..l\}$ avec leur étiquettes $Y_l = \{y_i | i = 1..l\}$ et $X_u = \{x_i | i = l+1..N\}$ dont les étiquettes sont inconnues [29]. Pour résoudre ce problème plusieurs méthodes existent tel que l'auto-apprentissage [6] et le co-apprentissage [23]. Ici, on s'intéresse à la résolution de ce problème par la méthode SVM.

Pour exploiter les informations sur les exemples non étiquetées (ou les exemples de test) la méthode SVM essaye de trouver l'hyperplan qui maximise la marge des exemples étiquetés avec leur bonne classification (les positifs au dessus et les négatifs au dessous) et garder en même temps les exemples non étiquetés à l'extérieur de la marge (figure 3.7).

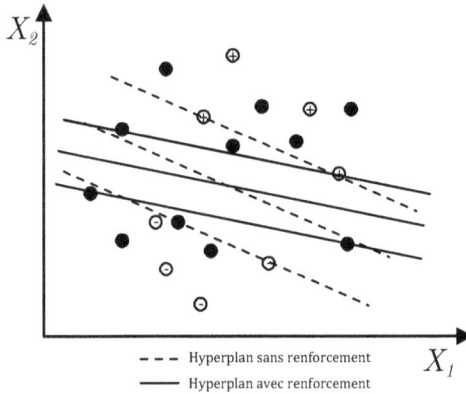

$$X_2$$

--- Hyperplan sans renforcement

——— Hyperplan avec renforcement

$$X_1$$

FIGURE 3.7 – Apprentissage semi-supervisé par SVM

Dans la figure 3.7 l'hyperplan pointé représente l'hyperplan de marge maximale qui sépare les exemples étiquetés (+ et -), mais il laisse des exemples non étiquetés (cercles noirs) à l'intérieur de la marge. L'hyperplan continu, par contre, garde les exemples non étiquetés (cercles noirs) à l'extérieur de la marge. La SVM qui permet de trouver un tel hyperplan est appelée Séparateur Semi-Supervisé à Vaste Marge (S3VM) [19]. Elle consiste à ajouter au problème SVM primal classique (équation 2.20), des contraintes sur les exemples non étiquetés (équation 3.9).

$$\begin{cases} \text{Minimiser} & \frac{1}{2}\left\|w\right\|^2 + C(\sum_{i=1}^{l}\xi_i + \sum_{i=l+1}^{N}\xi_i^*) \\ \text{sous contraintes :} \\ y_i(w^T x_i + b) \geq 1 - \xi_i & i = 1..l \\ |w^T x_i + b| \geq 1 - \xi_i^* & i = l+1..N \\ \xi_i, \xi_i^* \geq 0 \end{cases} \quad (3.9)$$

Où les ξ_i^* sont les erreurs permises sur les exemples non étiquetés. La résolution de ce problème primal est similaire à celle du SVM classique.

3.8 Intégration des SVMs dans les SGBD

Les Systèmes de Gestion des Bases de Données (SGBD) de nos jours comportent en plus du moteur de bases de données, un moteur de data mining. En effet selon le site officiel d'Oracle :"Oracle Data Mining (ODM), option d'Oracle Database 11g Enterprise Edition, permet de produire des informations prédictives exploitables et d'élaborer des applications de veille stratégique intégrées. Grâce à la fonction d'exploration de données intégrée à Oracle Database 11g, les clients peuvent repérer des tendances et des informations cachées dans leurs données. Les développeurs d'applications peuvent rapidement automatiser la recherche et la distribution de nouvelles prévisions, tendances et découvertes de veille stratégique dans l'ensemble de leur organisation."

Oracle Data Mining est implémenté dans le noyau base de données oracle, il utilise ses fonctions pour maximiser l'évolutivité et optimiser l'utilisation des ressources du système. L'intégration du processus de data mining de cette façon dans le SGBD relationnel offre plusieurs avantages :

  – Dans plusieurs produits de data mining, les données nécessitent d'être exportées de leur SGBD d'origine et parfois transformées pour pouvoir être utilisées. Avec l'intégration du processus de dataminig, l'analyse se fait directement sur les bases de données originales sous leur format d'origine. Ce qui permet de simplifier le processus, gagner du temps et minimiser les erreurs.

– La sécurité des données est garanties en donnant les privilèges d'utilisation des outils de data mining aux utilisateurs appropriés.
– La préparation des données peut utiliser les capacités du SGBD et réduire l'effort nécessaire à plus de 80% [33].
– La mise à jour des données est automatique et l'analyse se fait en mode live, ce qui permet d'éviter toute une phase de rafraichissement des données.
– Le processus de data mining lui même peut utiliser d'autres outils optimisés du SGBD tels que les outils statistiques, programmes, SQL, ...etc.

Bien que le data mining a été intégré dans oracle bien avant, les SVMs n'ont été intégrées qu'à partir de la version 10.g [104]. Dans la version 11.g, les algorithmes SVMs de classification, de régression, et monoclasse ont été utilisés.

Selon ses concepteurs, Oracle Data Mining possède sa propre implémentation des SVMs, qui exploite leur capacité, surmonte leurs limites et qui garantit l'utilisabilité et l'évolutivité nécessaires à un système de data mining de qualité. L'utilisabilité permet l'utilisation des SVMs par des utilisateurs non expérimentés grâce aux composants de préparation et de réglage automatique. L'évolutivité permet de surmonter le problème de temps d'apprentissage des grandes bases de données grâce à son implémentation incrémentale des SVMs. La figure 3.8 représente un schéma d'encapsulation des composants SVM dans un SGBD.

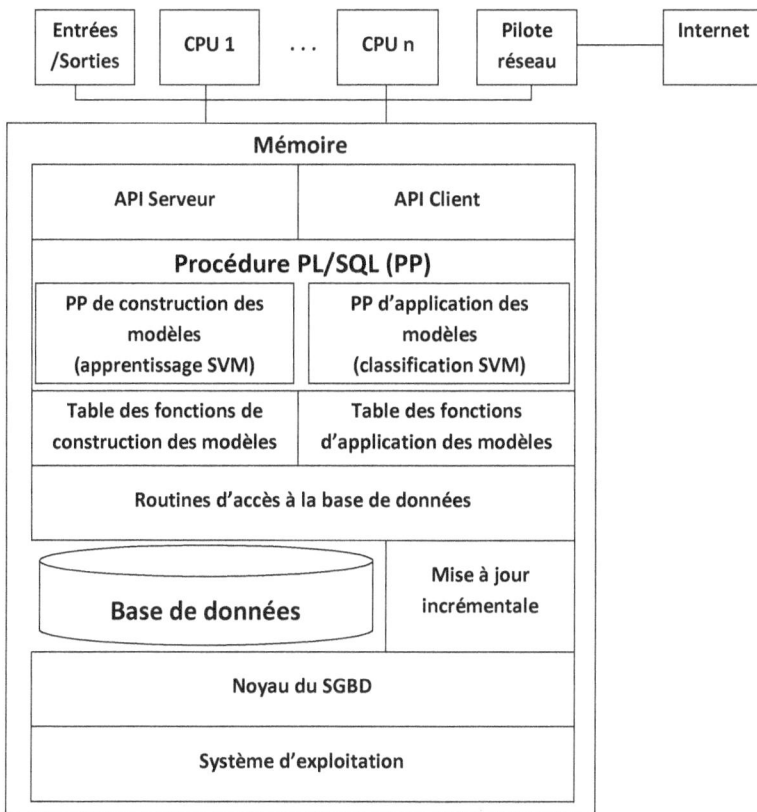

FIGURE 3.8 – Exemple d'intégration de la méthode SVM dans un SGBD [105]

Les fonctions de la méthode SVM peuvent être appelées d'une interface client à travers des procédures ou des requêtes SQL. Les fonctions peuvent être des fonctions de construction du modèle SVM et des fonctions pour son application. Les modèles qui peuvent être construits sont : la classification, la régression ou la détection des outliers (monoclasse).

La construction d'un modèle utilise une optimisation de type chunking sur une partie de la base de données préparée par des fonctions effectuant un nettoyage puis une réduction des données. Le module de mise-à-jour incrémentale permet d'ajouter de nouvelles informations au modèle construit sans recommencer l'apprentissage.

3.8.1 Préparation des données pour les SVMs

L'algorithme SVM d'Oracle utilise nativement des attributs numériques et éclate les données symboliques en des ensembles d'attributs binaires. Par exemple, un attribut de situation familiale marié ou célibataire est éclaté en deux attributs, marié et célibataire avec des valeurs 0 ou 1.

Si les données contiennent des valeurs manquantes, l'algorithme remplace les attributs symboliques par le mode (la valeur la plus fréquente) et les attributs numériques par la moyenne de l'attribut.

L'implémentation effectue également une normalisation des données par l'écartement des données trop élevées ou trop basses pour l'empêcher de biaiser la solution. La normalisation transforme ensuite les données numériques dans l'intervalle [-1,1].

3.8.2 Réglage des paramètres des SVMs

L'implémentation Oracle offre un outil de réglage automatique des paramètres de la méthode SVM selon les données à traiter. Cet outil choisit automatiquement le noyau linéaire si le nombre d'attributs est plus de 100, sinon il utilise le noyau Gaussien et calcule automatiquement la largeur du tube.

3.8.3 Utilisation des SVMs dans Oracle

L'utilisation des SVMs est rendue très aisée dans Oracle grâce à son intégration dans les requêtes SQL. Les exemples suivants montrent quelques requêtes SQL utilisant les SVMs [33] :

1. L'exemple suivant représente une routine PL/SQL pour créer un modèle de classification SVM appelé my_model. L'algorithme de classification est spécifié dans une table de paramètres appelée my_settings puisque l'algorithme de classification par défaut est l'algorithme naïf de Bayes.

```
CREATE TABLE my_settings(
                setting_name VARCHAR2(30),
                setting_value VARCHAR2(4000));
BEGIN
    INSERT INTO my_settings VALUES
        (dbms_data_mining.algo_name,
        dbms_data_mining.algo_support_vector_machines);
COMMIT;
END;
/
BEGIN
DBMS_DATA_MINING.CREATE_MODEL(
                model_name => 'my_model',
                mining_function => dbms_data_mining.classification,
                data_table_name => 'mining_data_build',
                case_id_column_name => 'cust_id',
                target_column_name => 'affinity_card',
                settings_table_name => 'my_settings');
END;
/
```

2. Trier les clients selon une estimation par une régression :

```
SELECT * from customers
ORDER BY PREDICTION (svmR_model USING *);
```

3. Filtrer les clients à base d'une régression :

```
SELECT cust_name
FROM customers
WHERE PREDICTION (svmR_model USING *) > 150000;
```

4. Et même une classification en pipeline :

```
SELECT id, PREDICTION(svm_model_1 USING *)
```

```
FROM user_data
WHERE PREDICTION_PROBABILITY(svm_model_2, 'target_val' USING *)>0.5
```
Dans le dernier exemple, le modèle, déjà entrainé, svm_model_1 est utilisé pour analyser tous les enregistrements dont le modèle svm_model_2 a assigné une probabilité supérieure à 0.5 d'appartenir à la classe 'target_val'. S'il s'agissait d'un problème de détection d'intrusion dans un réseau, le modèle svm_model_2 peut être utilisé pour détecter les comportements anormaux dans le réseau et le modèle svm_model_1 peut être utilisé pour classer une catégorie comme anormale pour d'autres usages.

3.9 Conclusion et bilan

Dans ce chapitre, nous avons présenté l'utilisation de la méthode SVM dans l'analyse des bases de données. En effet, cette technique très jeune a pu rapidement occuper une place importante dans plusieurs tâches de data mining, et a pu arriver à l'intégration dans le géant Oracle. Cependant, de grands chantiers sont encore ouverts et promettent davantage de développement et d'applications.

Les SVMs, malgré le succès qu'elles connaissent et leur intégration dans le SGBD Oracle, le plus répandu dans le monde, nécessitent encore des développements pour améliorer leurs performances et surmonter plusieurs lacunes. Plusieurs problèmes restent des champs ouverts pour la recherche :

– Les SVMs trouvent toujours des difficultés pour l'apprentissage des grandes bases de données du côté du temps d'exécution, vues leur complexité de l'ordre de $O(MN^2)$. La plupart des solutions préfèrent les SVMs enligne malgré leur faible capacité de généralisation comparant aux SVMs offline. Les solutions envisageables visent à réduire la complexité des algorithmes d'optimisation à une complexité linéaire. La solution fournie par les classifieurs SVMs utilise toujours un nombre de vecteurs supports beaucoup plus élevé qu'il y'en a réellement. Si on arrive à trouver un moyen efficace de sélection des vecteurs supports potentiels, la vitesse d'entrainement de la méthode peut être considérablement améliorée.

– La détermination des paramètres optimaux de la méthode, à savoir C et les paramètres du noyau, reste encore empirique et donne de faibles résultats. Des études théoriques de ces paramètres qui aboutissent à des algorithmes permettant leur calcul à partir des données d'entrainement, peuvent améliorer davantage la précision de la méthode.

– L'utilisation de la méthode dans les problèmes de clustering reste encore timide malgré les performances remarquables des SVMs monoclasse pour la séparation d'une classe du reste de l'espace. L'amélioration des algorithmes des SVMs pour le clustering est toujours un axe ouvert de recherche.

– L'extension des SVMs binaires au cas multiclasse se fait jusqu'à présent, principalement, à travers deux méthodes 1vs1 et 1vsR. Ces méthodes sont marquées par l'utilisation des mêmes données plus d'une fois pour apprendre les différents hyperplans de séparation. Le développement des modèles utilisant un seul problème primal peut améliorer l'apprentissage SVM multiclasse.

La partie suivante présente nos contributions pour apporter des solutions à ces problèmes.

Deuxième partie

Contributions

Chapitre 4

Accélération des SVMs par réduction d'exemples

4.1 Introduction

Malgré ses résultats excellents en terme de précision et de généralisation, la méthode SVM offline souffre du problème du temps d'apprentissage qui est en $O(MN^2)$ si N est le nombre d'exemples d'entrainement et M est le nombre d'attributs de chaque exemple [48, 70]. Parmi les travaux d'optimisation, on trouve les algorithmes de réduction des données d'apprentissage en essayant de n'utiliser durant l'entrainement que les données susceptibles d'influencer les capacités de généralisation de la machine apprise c'est-à-dire les exemples candidats d'être des vecteurs supports. Dans cette contribution, nous proposons une nouvelle méthode appelée CB-SR (Covering Based Samples Reduction) qui se décompose en deux phase : une phase de filtrage et une phase de révision. Nous montrons, à la fin de ce chapitre, sur un certain nombre de bases de données, les avantages en terme de vitesse d'apprentissage et taux de reconnaissance, apportés par notre solution.

4.2 Motivations

L'objectif de l'apprentissage par SVM est d'aboutir à une fonction de décision de la forme :

$$H(x) = \sum_{i \in S} \alpha_i y_i K(x_i, x) + b \tag{4.1}$$

Où S représente l'ensemble des vecteurs supports, les α_i leurs coefficients, b est un biais et K le noyau utilisé.

Puisque le biais b est calculé à partir des vecteur supports (équation 2.27), il apparait, très clair de l'équation 4.1, que la fonction de décision $H(x)$ dépend uniquement de l'ensemble S des vecteurs supports et non pas de l'ensemble de tous les exemples utilisées au départ pour l'entrainement.

La figure 4.1 représente deux cas d'entrainement par SVM. Dans le cas (a), tous les exemples ont été utilisés pour l'entrainement et dans le cas (b), l'entrainement a été effectué uniquement sur les vecteurs supports après leur découverte.

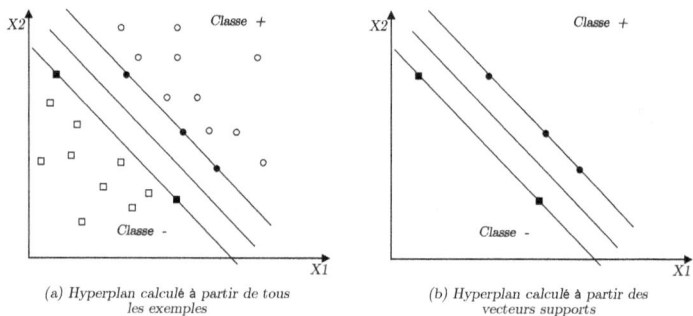

(a) Hyperplan calculé à partir de tous   (b) Hyperplan calculé à partir des
les exemples   vecteurs supports

FIGURE 4.1 – Influence de l'élimination des vecteurs non supports sur l'hyperplan

On peut remarquer aisément que l'hyperplan recherché peut être atteint uniquement par les vecteurs supports (cercles et carrés pleins) ; et l'élimination des autres vecteurs (cercles et carrés vides) n'influe pas sur la position et l'orientation de l'hyperplan. Une autre remarque importante sur l'entrainement de la méthode SVM est celle faite par Vladimir Vapnik dans [149]. La remarque indique que le nombre de vecteurs supports est, généralement, très réduit par rapport aux nombres total d'exemples utilisés pour l'apprentissage. Dans le cas d'une d'application sur les images des chiffres manuscrits, les vecteurs supports représentent 10% de l'ensemble des exemples d'entrainement [149]. Ces résultats sont confirmés dans le chapitre 6, sur les images des dattes, des caractères manuscrits arabes et sur des données vocales.

L'idée de la réduction d'exemples pour la méthode SVM consiste à n'utiliser pour l'entrainement qu'un ensemble réduit approximatif des vecteurs supports. Cet ensemble doit être le plus proche possible de l'ensemble réel des vecteurs supports appris sans réduction. Le problème est donc de trouver une méthode, d'un coût raisonnable, qui permet d'estimer les vecteurs supports avant l'apprentissage. Une telle méthode permettra d'accélérer considérablement la phase d'entrainement.

4.3 Travaux antérieurs

Depuis l'apparition des SVMs, le problème de réduction d'exemples a été l'objet de plusieurs travaux de recherche tels que [89, 162, 166]. Récemment, des travaux intéressants ont été proposés.

Yu et all. proposent, dans [95], une méthode appelée KBK-SR dans laquelle ils proposent de rechercher les vecteurs supports dans l'espace de caractéristiques. Ils commencent par un clustering balancé des deux classes positive et négative dans l'espace de caractéristique appelée KBK clustering (*Kernel Bisecting K-means*). Après la détermination des clusters, les auteurs propose d'écarter, des clusters les plus larges, deux types d'exemples :

1. Les exemples intérieurs : il s'agit des exemples, les plus proches du centre du cluster qui sont supposés isolés de la classe opposée par les exemples externes du même cluster. Les auteurs proposent de calculer pour chaque cluster large, la distance de Mahalanobis de chaque exemple du centre du cluster, puis de ne garder que les exemples dont la distance dépasse un certain seuil.

2. Les exemples extérieurs, les plus lointains de la classe opposée : Il s'agit de calculer la distance moyenne entre les exemples de chaque cluster large et les centres de chaque cluster

de la classe opposée. Les exemples dont la distance au clusters de la classe opposée dépasse la distance moyenne sont écartés.

Les auteurs indiquent, après une étude expérimentale sur des bases de données standards, que la méthode accélère l'entrainement par SVM avec une perte négligeable en précision.

Dans [9], les auteurs proposent une méthode basée sur un clustering de type K plus proches voisins (KPPV) pour entrainer la méthode SVM. La méthode essaye de détecter les vecteurs supports puis utiliser une distance euclidienne normalisée au lieu des α_i pour calculer la fonction de décision pour un nouvel exemple. Après la projection des exemples dans un espace de caractéristiques via le noyau RBF, un simple clustering KPPV est effectué selon un nombre de clusters donné. Les exemples ayant une distance, du centre de leur cluster, dépassant un certain seuil sont considérés des outiliers et sont écartés. Pour accélérer la méthode SVM, les auteurs proposent, ensuite, de calculer les probabilités d'être des vecteurs supports pour les exemples restants, en se basant sur les distances entre les clusters. Les résultats obtenus apportent une amélioration significative pour la précision de la méthode SVM.

Lin et all. proposent, dans [93], une méthode de réduction après l'apprentissage SVM et l'obtention des vecteurs supports, pour améliorer les performances de l'étape de classification. La méthode utilise un algorithme génétique pour optimiser l'ensemble de vecteurs supports. Le principe de cette méthode est le suivant :

Soit $S = \{x_1, x_2, \cdots, x_n\}$ l'ensemble des vecteurs supports obtenus après un apprentissage SVM et soit $\{\tilde{x}_1, \tilde{x}_2, \cdots, \tilde{x}_r\} \subseteq S$ un sous ensemble sélectionné de S.

Si la projection $\{\phi(\tilde{x}_1), \phi(\tilde{x}_2), \cdots, \phi(\tilde{x}_r)\}$, des vecteurs supports sélectionnés couvre l'espace engendré par la projection des vecteurs supports $S = \{\phi(x_1), \phi(x_2), \cdots, \phi(x_n)\}$, alors toute projection d'un vecteur support $\phi(x_i)$ peut être approximée par une projection d'un vecteur support sélectionné, ou par une combinaison linéaire de plusieurs vecteurs supports.

Pour trouver l'ensemble S', les auteurs proposent d'utiliser un algorithme génétique qui démarre d'une génération aléatoire de solutions. Chaque solution représente un ensemble de vecteurs supports sélectionnés. L'algorithme optimise une fonction de fitness qui calcule l'erreur entre un ensemble sélectionné de vecteurs supports et l'ensemble original complet.

À la fin, l'algorithme converge à un ensemble réduit de vecteurs supports qui pourra représenter le modèle de décision.

Les méthodes proposées dans la littérature utilisent le clustering ou des heuristiques pour détecter les vecteurs support. Le clustering et les heuristiques sont des méthodes lentes et difficilement réglables (nombre d'itérations, convergence, paramètres, ...etc). Dans la section suivante, nous proposons une méthode exacte d'un coût très réduit pour la réduction d'exemples.

4.4 Méthode CB-SR proposée

La méthode proposée [40], et contrairement aux méthodes de la littérature utilisant le clustering, utilise un filtrage sur l'ensemble des exemples d'entrainement. À la fin, un ensemble de vecteurs supports candidats est obtenu et utilisé pour apprendre un hyperplan. L'ensemble des exemples restants sont classés par l'hyperplan obtenu. Les exemples mal classés sont ajoutés aux vecteurs supports filtrés pour obtenir un nouvel ensemble d'entrainement. L'hyperplan final est obtenu après un apprentissage sur ce nouvel ensemble. Notre solution repose, donc, sur deux phases principales : filtrage et révision.

Dans la phase de filtrage, au lieu de faire un clustering classique, nous proposons de vérifier dans l'espace de caractéristiques la couverture d'un exemple d'apprentissage de la première classe par rapport à tous les exemples de la deuxième classe. Si l'exemple est couvert par rapport à tous les exemples de l'autre classe, il est écarté de la base d'entrainement sinon il est gardé. Après cette phase, un apprentissage d'un hyperplan séparateur des exemples gardés des deux classes est effectué.

Dans la phase de révision, nous classifions tous les exemples écartés dans le filtrage par rapport à l'hyperplan précédent. Les exemples qui violent les conditions de Karush-Kuhn-Tucker (KKT) sont rajoutés à l'ensemble d'apprentissage filtré et un nouvel apprentissage est effectué en démarrant de l'hyperplan précédent pour le réajuster selon les exemples rajoutés. La phase de filtrage réduit considérablement le nombre de données d'entrainement en introduisant le principe de couverture, surtout dans les ensembles de données où la majorité des données se site pas hors des frontières de la zone de décision.

La phase de révision permet de corriger la situation de quelques exemples qui pourraient être écartés par erreurs dans la phase de filtrage à cause d'une mauvaise adéquation du noyau choisi au le problème à résoudre.

4.4.1 Organigramme

L'organigramme de la figure 4.2 illustre la méthode proposée.

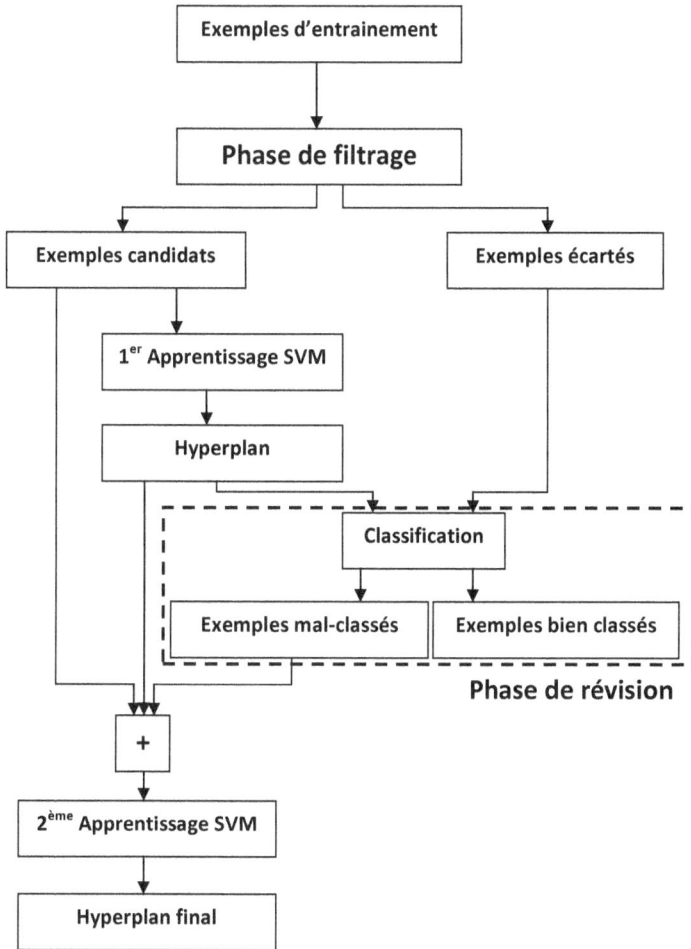

FIGURE 4.2 – Organigramme de la méthode CB-SR proposée

4.4.2 Filtrage

Le filtrage proposé vise à réduire le nombre d'exemples d'apprentissage pour accélérer la vitesse d'entrainement. Il se base sur la notion de couverture des exemples d'une classe par rapport à la classe opposée.

4.4.2.1 Notion de couverture

La notion de couverture désigne la capacité des exemples d'une classe à masquer d'autres exemples de la même classe par rapport à l'hyperplan séparateur des deux classes. Elle représente en quelque sorte l'estimation de la distance des exemples de l'hyperplan optimal. Et puisque on ne connait pas encore l'hyperplan global séparateur, nous proposons d'utiliser des hyperplans locaux pour estimer cette distance. Un exemple couvert par des exemples de sa classe par rapport à tous les exemples de l'autre classe est un exemple qui ne figurera pas dans la liste finale des vecteurs supports. Les exemples de sa classe qui le couvrent sont des exemples plus proches de la zone de séparation des deux classes et peuvent par conséquent être utilisés sans l'exemple en question pour déterminer la zone de séparation(exemple de la figure 4.3).

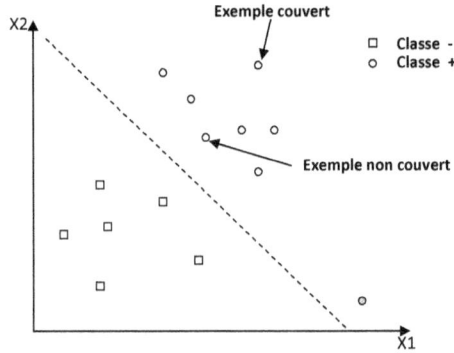

FIGURE 4.3 – Exemple couvert d'une classe

En effet, la figure 4.3, l'exemple couvert de la classe positive peut être écarté de l'entrainement sans influencer la séparation des deux classes. Le problème est comment peut-on vérifier qu'un exemple est couverts ou non ? Si on utilise, par exemple, la distance de l'exemple du centre de la classe opposée comme mesure d'influence sur la zone de séparation, l'exemple en gris au dessous de la classe positive sera écarté malgré qu'il est plus proche de l'hyperplan. On ne peut pas aussi utiliser la distance de l'hyperplan puisqu'il n'est pas encore connu. Nous proposons donc, d'utiliser la zone de couverture.

4.4.2.2   Zone de couverture

La zone de couverture représente la zone pouvant contenir des exemples qui couvrent un exemple donné devant un exemple de la classe opposée. Nous pouvons donner la définition suivante à la zone de couverture d'un exemple :

Définition 1. *La zone de couverture d'un exemple x_i d'une classe y_i par rapport à un exemple x_k de la classe $y_k = -y_i$, est définie par la zone délimitée par les deux hyperplans H_{ik}^- et H_{ik}^+ de marge maximale passant par les deux exemples x_i et x_k.*

Dans la figure 4.4, la zone de couverture de x_i par rapport à x_k est représentée par la zone pointée.

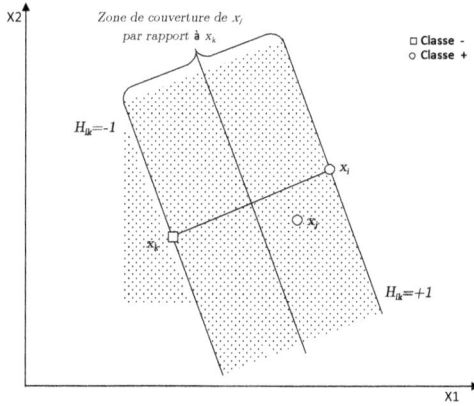

FIGURE 4.4 – Zone de couverture d'un exemple par rapport à un autre de la classe opposée

En effet, Un exemple x_i de la classe $y_i(\pm 1)$ est couvert, par rapport à un exemple x_k de la classe $-y_i$, par tous les exemples qui se situent dans sa zone de couverture par rapport à x_k. Sur la figure 4.4, x_j se situe dans la zone de couverture de x_i, par rapport à x_k, délimitée par H_{ik}^- et H_{ik}^+, ce qui nous permet d'écarter x_i de la phase d'entrainement.

L'appartenance d'un exemple à la zone de couverture d'un autre peut être vérifiée analytiquement en utilisant les problèmes duals de la méthode SVM. De manière plus formelle, l'idée des SVMs est de trouver un hyperplan qui maximise la marge de séparation entre deux classes. Le problème est formulé par le problème dual suivant :

$$\begin{cases} Maximiser & Q(\alpha) = \sum_{i=1}^n \alpha_i - \frac{1}{2}\sum_{i=1}^n \sum_{j=1}^n \alpha_i\alpha_j y_i y_j K(x_i, x_j) \\ sous\ contraintes & \\ & \sum_{i=1}^n \alpha_i y_i = 0 \\ & 0 \leq \alpha_i \leq C \end{cases} \quad (4.2)$$

Où les x_i représentent les exemples d'entrainement, les y_i leurs classes respectives (± 1) , les α_i les multiplicateurs de Lagrange, C est un paramètre de pénalisation sur les α_i et K est un noyau. Une fois les α_i optimaux déterminés, chaque nouvel exemple pourra être classé par la fonction H suivante :

$$\begin{cases} H(x) = \sum \alpha_i y_i K(x_i, x) + b \\ avec \\ b = \frac{1}{n}\sum_{i=1}^n \left(y_i - \sum_{j=1}^n \alpha_j y_j K(x_j, x_i)\right) \end{cases} \quad (4.3)$$

Revenons à notre exemple de la figure 4.4, et calculons la fonction de séparation H_{ik} permettant la séparation entre les deux exemples x_i et x_k. Nous n'avons que deux exemples x_i et x_k de classes différentes d'où $\alpha_i = \alpha_k = \alpha$ (de la première contrainte de l'équation 4.2) et $Q(\alpha)$ devient :

$$\begin{cases} Q(\alpha) = 2\alpha - \frac{1}{2}D\alpha^2 = 2\alpha - \frac{D}{2}\alpha^2 \\ avec \\ D = K(x_1, x_1) - 2K(x_1, x_2) + K(x_2, x_2) \end{cases} \quad (4.4)$$

Et puisque nous cherchons à maximiser Q, nous devons trouver α qui annule la dérivée de Q c-à-d $\alpha = 2/D$. En remplaçant dans l'équation 4.3, la fonction H_{ik} de séparation entre x_i et x_k

sera alors :

$$\begin{cases} H_{ik}(x) = \frac{1}{D}(K(x_i,x) - K(x_k,x)) + b \\ avec \\ b = \frac{K(x_i,x_i) - K(x_k,x_k)}{D} \end{cases} \tag{4.5}$$

Et là, nous pouvons vérifier la couverture de x_j à x_i par rapport à x_k. On dit que x_j couvre x_i par rapport à x_k si :

$$-1 \leq H_{ik}(x_j) \leq 1 \tag{4.6}$$

4.4.2.3 Couverture mutuelle

On peut remarquer rapidement que la condition de l'inégalité 4.6 n'est pas suffisante pour écarter x_i devant x_j lors de l'apprentissage, puisque les deux exemples peuvent se couvrir mutuellement c-à-d peuvent être tous les deux candidats (figure 4.5).

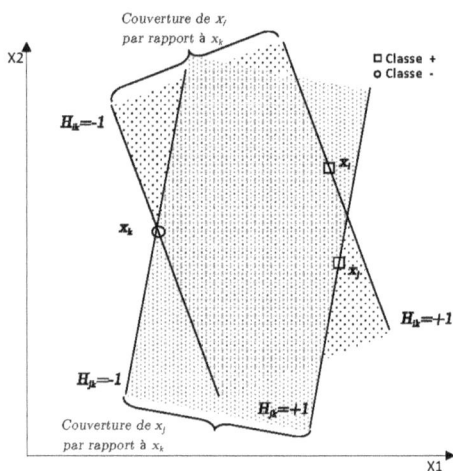

FIGURE 4.5 – Couverture mutuelle

Dans ce cas, les deux exemples doivent être gardés. Pour pouvoir écarter x_i devant x_j, il faut donc que x_j couvre x_i et x_i ne couvre pas x_j (figure 4.6).

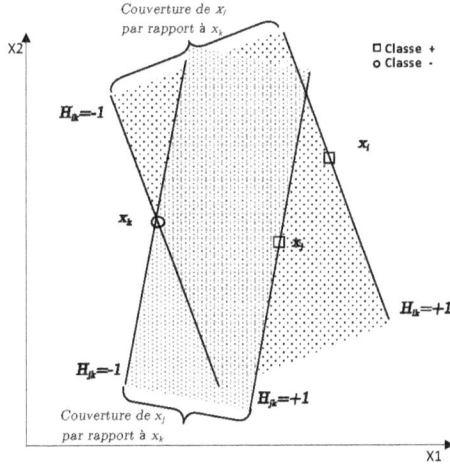

FIGURE 4.6 – Exemple pouvant être écarté

La condition de l'équation 4.6 doit être donc réécrite comme suit :
On dit que x_j couvre x_i par rapport à x_k si :

$$(-1 \leq H_{ik}(x_j) \leq 1) et (H_{jk}(x_i) \leq -1 \quad ou \quad H_{jk}(x_i) \geq 1) \tag{4.7}$$

4.4.2.4 Couverture totale

Dans l'équation 4.7, x_i est couvert uniquement par rapport à x_k. Pour qu'il pourra être écarté effectivement de l'ensemble d'entrainement, il doit être couvert par rapport à tous les exemples de la classe opposée c-à-d totalement couvert. Nous définissons donc la couverture totale d'un exemple quelconque comme suit :

Définition 2. *On dit qu'un exemple x_i d'une classe $y_i(\pm 1)$ est totalement couvert par rapport à la classe $-y_i$, si pour tout exemple x_k de la classe $-y_i$, il existe un exemple x_j de la classe y_i qui couvre x_i par rapport à x_k.*

Autrement dit :

$x_i \in y_i$ est écarté si $\forall x_k \in -y_i, \exists x_j \in y_i \; / \; x_j$ couvre x_i et x_i ne couvre pas x_j.

Dans la phase de filtrage, tout exemple vérifiant la règle précédente est écarté de la base d'entrainement. Cette règle est utilisée donc pour filtrer les exemples d'entraînement et écarter tous les exemples totalement couverts.

4.4.2.5 Exemple

Dans l'exemple de la figure 4.7, nous avons appliqué cette méthode sur un exemple de type toy contenant 10 exemples d'une classe positive et 10 exemples d'une classe négative, en utilisant un noyau linéaire.

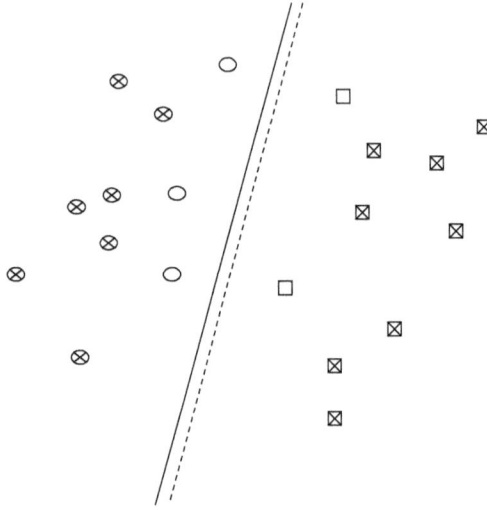

FIGURE 4.7 – Exemple d'application

Après l'application de la méthode de filtrage proposée, nous avons pu écarter 8 exemples positifs (les carrés barrés) et 7 exemples négatifs (les cercles barrés) et maintenir uniquement 5 exemples pour construire l'hyperplan de séparation (droite pointée). L'hyperplan obtenu après le filtrage possède des caractéristiques de séparation très proches de celles de l'hyperplan obtenu sans filtrage (droite pleine).

4.4.2.6 Contrôle du taux de filtrage

Nous proposons, dans notre méthode, d'utiliser un paramètre ρ permettant de contrôler la zone de couverture selon le degré de filtrage désiré. Nous pouvons, par conséquent, utiliser ce paramètre pour élargir la zone de couverture pour garder plus d'exemples ou la rétrécir pour en garder peu. La figure 4.8 montre l'utilisation de ce paramètre.

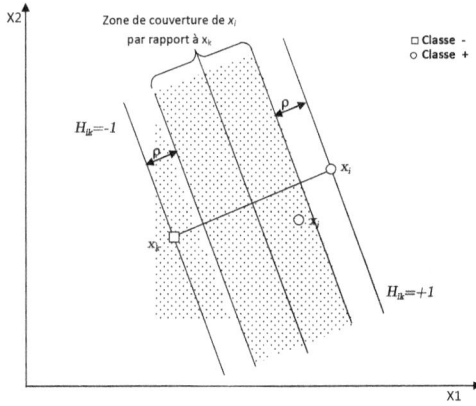

FIGURE 4.8 – Contrôle de la zone de couverture par le paramètre ρ

Ce paramètre va nous permettre finalement de contrôler le taux de filtrage désiré. La condition d'écartement d'un exemple de l'équation 4.7, après l'introduction du paramètre ρ doit être réécrite comme suit :

$$\begin{cases} (\rho - 1 \leq H_{ik}(x_j) \leq 1 - \rho) \quad et \quad (H_{jk}(x_i) \leq \rho - 1 \quad ou \quad H_{jk}(x_i) \geq 1 - \rho) \\ 0 \leq \rho < 1 \end{cases} \quad (4.8)$$

Exemple Sur la table 4.1, nous présentons un exemple qui utilise l'équation 4.8 avec différentes valeurs de ρ pour filtrer un toy de 46 exemples. Les exemples barrées représentent les exemples écartés.

TABLE 4.1 – Utilisation du paramètre ρ pour contrôler le taux de filtrage

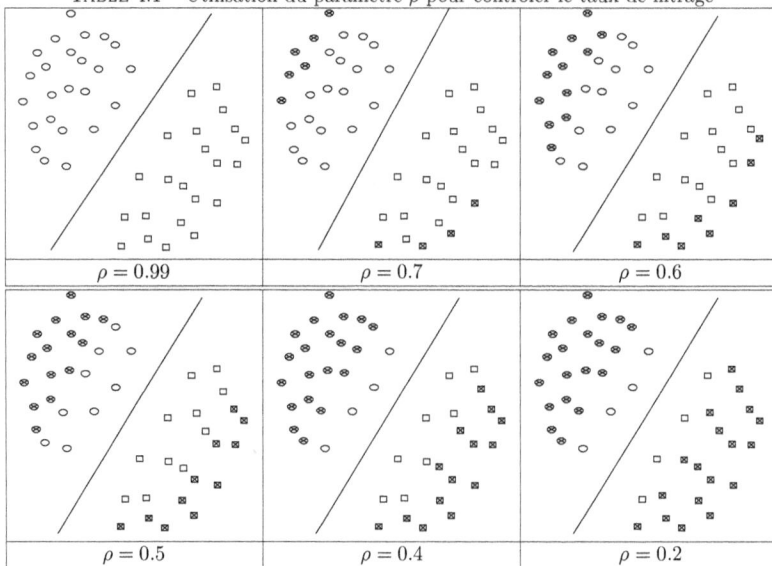

$\rho = 0.99$	$\rho = 0.7$	$\rho = 0.6$
$\rho = 0.5$	$\rho = 0.4$	$\rho = 0.2$

On remarque de la table 4.1, que le nombre d'exemples écartés augmente avec la décroissance de ρ. En effet, en diminuant ρ, on augmente la zone de couverture des exemples et par conséquent, on augmente leur chance à trouver des exemples qui les couvrent par rapport à la classe opposée et ainsi on augmente leur chance d'être écartés. Une discussion plus détaillée de l'utilisation de ce paramètre est présenté dans la section 4.5.4.

4.4.2.7 Algorithme proposé

L'algorithme 1 illustre les étapes suivies pour filtrer la base d'entrainement.

Algorithme 1 Filtrage
___
Entrée : Ensemble d'exemples d'entrainement $S = \{(x_i, y_i), \quad i = 1..n/x_i \in \Re^m, y_i = \pm 1\}$,
         Un noyau K avec ses paramètres,
         Degré de filtrage ρ.
Sortie : Ensemble d'exemples $S' = \{(x_i, y_i), i = 1..p, x_i \in \Re, y_i = \pm 1 \text{ avec } p \leq n\}$
1 :$N^+ \leftarrow \{x_i/y_i = +1\}$
2 :$N^- \leftarrow \{x_i/y_i = -1\}$
3 :**Pour** chaque exemple non écarté $x_i \in N^+$
4 :   **Si** pour chaque exemple non écarté $x_k \in N^-$
5 : $\exists \, x_j$ non écarté $\in N^+/(\rho - 1 \leq H_{ik}(x_j) \leq 1 - \rho)$ et $(\rho - 1 > H_{jk}(x_i)$ ou
        $H_{jk}(x_i) > 1 - \rho)$ **alors** $N^+ \leftarrow N^+ - x_i$
6 :   **FSi**
7 : **FPour**
8 : **Pour** chaque exemple non écarté $x_i \in N^-$
9 :   **Si** pour chaque exemple non écarté $x_k \in N^+$
10 : $\exists \, x_j$ non écarté $\in N^+/(\rho - 1 \leq H_{jk}(x_j) \leq 1 - \rho)$ et $(\rho - 1 > H_{jk}(x_i)$ ou
        $H_{jk}(x_i) > 1 - \rho)$ **alors** $N^- \leftarrow N^- - x_i$
11 :   **FSi**
12 : **FPour**
13 : Retourner $S' = N^+ \cup N^-$
14 : **Fin**
___

L'ensemble d'exemples S', retourné par l'algorithme 10, représentant les exemples gardés, est ensuite passé dans la phase du 1er apprentissage SVM (figure 4.2) pour générer un hyperplan H séparant les deux classes.

Ce filtrage est d'une complexité inférieure à celle de l'algorithme d'apprentissage SMO. En effet, les boucles dépendent du nombre d'exemples positifs ou négatifs et non pas de la totalité des exemples. En plus, chaque exemple écarté ne participe plus dans le reste de l'algorithme ce qui réduit encore la durée du filtrage. Les résultats montreront par la suite que le temps de filtrage ajouté au temps du 1er apprentissage à partir des exemples restants est toujours très inférieur au temps global d'apprentissage à partir de tous les exemples.

4.4.3 Révision

Dans cette phase, les exemples écartés dans la phase précédente, sont vérifiés par rapport à l'hyperplan obtenu. Et puisque nous supposons que ces exemples soient bien classés par cet hyperplan, nous mettons leurs α_i à 0. Nous allons donc classer ces exemples par l'hyperplan et vérifier leur situation par les conditions KKT (Karush-Kuhn-Tucker). Les conditions KKT sont les conditions que doivent vérifier tous les α_i pour arrêter l'entrainement SVM. Elles sont données par l'équation 4.9 suivante :

$$\begin{cases} \alpha_i = 0 & \Rightarrow \quad y_i f(x_i) > 1 \\ \alpha_i = C & \Rightarrow \quad y_i f(x_i) \leq 1 \\ 0 < \alpha_i < C & \Rightarrow \quad y_i f(x_i) = 1 \end{cases} \qquad (4.9)$$

Les exemples qui violent les conditions KKT sont divisés en trois catégories :

1. Les exemples qui se trouvent dans la zone de séparation et qui sont considérés bien classés par l'hyperplan.

2. Les exemples qui se trouvent dans la zone de séparation et qui sont considérés mal classés par l'hyperplan.

3. Les exemples qui se trouvent dans le mauvais côté en dehors de la zone de séparation mais qui sont considérés bien classés par l'hyperplan.

En se basant sur les conditions 1 et 3, les exemples écartés dans la phase de filtrage, sont testés par rapport à l'hyperplan initial. Les exemples qui violent ces conditions sont rajoutés à l'ensemble S' pour obtenir un nouvel ensemble S''. S'' contient donc, les exemples gardés dans la phase de filtrage, ainsi que les exemples mal classés par l'hyperplan obtenu.

Un deuxième entrainement SVM est lancé sur S'' pour ajuster l'hyperplan initial dont nous ne changeons pas les α_i, avec les α_i des exemples rajoutés initialisés à 0. En effet, le noyau choisi peut ne pas avoir les capacités de distinction nécessaires à séparer les deux classes et peut par conséquent laisser des exemples mal classés. Dans cette phase de révision, ces exemples sont détectés et l'hyperplan est corrigé selon leurs positions.

4.5 Résultats et discussion

4.5.1 Données utilisées

Pour montrer les performances de notre méthode, nous l'avons testée premièrement sur des exemples de type Toy (2 dimensions) que nous avons choisis de différentes complexités. Ensuite nous l'avons testée sur des bases de données benchmarks de classification binaire du site de "Machine Learning Repository UCI" [54]. Les bases utilisées pour les tests sont représentées dans le tableau 4.2 suivant :

TABLE 4.2 – Bases de données utilisées pour les tests

Table	Domaine	N_{Att}	N	N_{Entr}	N_{Test}
Germen	Credit Scoring	24	1000	500	500
Diabetes	Médecine	8	768	384	384
Tow Spiras	Industrie	2	3000	300	2700
Tow Ellipses	Industrie	2	3000	300	2700
Cancer Analysis	Médecine	32	596	596	596
Segmentation	Traitement d'image	19	2309	2309	2309

N est le nombre total d'enregistrements de la base, N_{Att} est le nombre d'attributs, N_{Entr} est le nombre d'enregistrements utilisés pour l'entrainement et N_{Test} est le nombre d'enregistrements utilisés pour les tests. Les bases de données German et Diabetes ont été utilisées pour tester la méthode KBK-SR de [95] tandis que les bases Tow Spirals et Tow Ellipses ont été utilisées pour tester la méthode de Lin[93].

4.5.2 Matériel et critères d'évaluation

La méthode que nous proposons a été testée sur une machine Dual-core de 1.6 GHZ avec 1 GO de RAM. Le noyau utilisé est le noyau RBF avec un σ choisi de façon empirique pour démarrer des mêmes taux de reconnaissance atteint dans les références de comparaison. Il est à noter que nous avons utilisé lors du filtrage un tube $\sigma = 3$. Il est important à noter aussi que le filtrage proposé utilise le même noyau d'apprentissage et que le noyau RBF utilisé ici n'est choisi que pour pouvoir comparer avec les résultats obtenus dans [95] et [93]. Les critères d'évaluation des performances de notre méthode sont le nombre d'exemples gardés après le filtrage N, le temps d'apprentissage en seconde $T(s)$ à base des exemples gardés, et le taux de reconnaissance R. Nous avons comparé notre méthode aux méthodes : KBK-SR (Kernel Bisecting k-means Clustering) [95] et la méthode de Lin [93]. La section suivante résume les résultats obtenus.

4.5.3 Résultats

4.5.3.1 Sur des toys

Les premiers tests ont été effectués sur des Toys de différentes complexités et ont montré une très grande capacité à découvrir les vecteurs supports les plus importants avant de passer à l'entrainement en un temps très réduit. Dans l'exemple de la table 4.3, nous avons pris 1169 exemples de deux classes interférées en spirale avec un paramètre $\rho = 0$ pour garder uniquement les vecteurs supports qui se trouvent exactement sur les frontières de séparation. La méthode SVM classique (sans filtrage) entrainée sur les 1169 exemples a donné un taux de reconnaissance de 100% en 432.656 secondes. Le filtrage a permis de réduire les exemples à 471. L'entrainement SVM sur ces exemples a donné un taux de reconnaissance de 99.65% en 60.516 secondes. Dans la phase de révision, 208 exemples ont été rajoutés pour récupérer la précision perdue, ce qui a coûté une élévation du temps total d'entrainement (filtrage + SVM + révision + SVM) à 93.268 secondes.

Malgré la complexité de l'interférence entre les deux classes, notre méthode a pu détecter les vecteurs supports qui se trouvent aux frontières de séparation entre les deux classes et qui ont suffit pour les séparer.

TABLE 4.3 – Résultats de la méthode CB-SR sur un toy

SVM seule			après Filtrage			après Filtrage et Révision		
N	T(s)	R(%)	N	T(s)	R(%)	N	T(s)	R(%)
1169	432.656	100	471	60.516	99,65	679	93.268	100

4.5.3.2 Sur des bases UCI

La méthode a été testée également sur des bases de données du site de "Machine Learning Repository UCI" [54]. Le tableau 4.4 ci-dessous résume les résultats obtenus comparés à ceux de [95], où N_f est le nombre d'exemples utilisés pour l'apprentissage, ρ est le paramètre de contrôle du taux de filtrage, T est la durée d'apprentissage en secondes et R est le taux de reconnaissance.

TABLE 4.4 – Résultats sur différentes bases de données

Base de test	Méthode	N_f	%	ρ	$T(s)$	$R(\%)$
German	SVM	500	100	/	501.375	72.8
	KBK-SR	156	31.2	/	60.42	70.83
	CB-SR	**3**	**0.66**	**0.06**	**0.578**	**72.8**
		17	3.4	0.3	1.017	72.8
Diabets	SVM	384	100	/	312.11	74.69
	KBK-SR	**120**	**31.25**	/	**28.25**	**73.54**
	CB-SR	10	2.6	0.22	0.001	70.31
		141	36.71	0.45	6.547	70.57
Tow Spirals	SVM	300	100	/	10.687	100
	Lin	10	3.33	/	/	73.75
		20	6.66	/	/	90.35
		30	10	/	/	99.95
	CB-SR	**20**	**6.66**	**0.01**	**0.380**	**99.18**
		37	**12.33**	**0.14**	**0.875**	**100**
Tow Ellipses	SVM	300	100	/	12.395	100
	Lin	20	6.66	/	/	91.9
		30	10	/	/	100
	CB-SR	9	3	0.18	0.109	89.96
		12	**4**	**0.21**	**0.126**	**100**
Cancer Analysis	SVM	569	100	/	285.769	99.29
	CB-SR	**158**	**27.76**	**0.2**	**17.337**	**97.89**
		239	42	0.3	31.016	98.59
Segmentation	SVM	2309	100	/	84.61	100
	CB-SR	**3**	**0.12**	**0.4**	**0.187**	**98.44**
		32	**1.38**	**0.6**	**0.937**	**100**

En utilisant tous les 500 exemples d'apprentissage de la base German, la méthode SVM classique (sans réduction) a donné un taux de reconnaissance de 72.8%. La méthode KBK-SR de [95] a réduit les exemples de 500 à 156 ce qui a donné un taux de reconnaissance de 70.83%. Notre méthode a pu atteindre **un taux de 72.8% uniquement avec 3 exemples**, et le temps d'apprentissage a été réduit de 501.375 secondes à 0.578 seconde, ce qui représente une amélioration considérable.

Pour la base Diabets, notre méthode a pu atteindre 70.31% avec 10 exemples uniquement. Nous expliquons ce taux de reconnaissance relativement faible par le fait que la majorité des exemples de la base sont concentrés près de la zone de séparation.

La méthode a été testée également sur des bases connues en simulation industrielle, utilisées dans la méthode de [93]. Dans cette méthode, les auteurs visent à réduire le nombre de vecteurs supports après l'entrainement SVM pour accélérer la phase de classification. Leur méthode a permis de réduire le nombre de vecteurs supports, pour la base Tow Spirals à 20 pour obtenir un taux de reconnaissance de 90.35% et à 30 pour obtenir un taux de 99.95%. En comparant avec leur résultats sur la base Tow Spirals, notre filtrage a pu réduire les exemples à 20 pour obtenir un taux de reconnaissance de 99.18% et à 37 pour obtenir un taux de reconnaissance de 100%.

Pour la base Tow Ellipses, la méthode de Lin et all. a pu atteindre un taux de reconnaissance de 100% avec 30 vecteurs supports parmi les 300 exemples. Le même taux de reconnaissance a été atteint par notre méthode CB-SR avec 12 vecteurs supports uniquement.

La méthode proposé ne permet pas seulement d'accélérer l'entrainement, mais la phase de classification également. En effet, le fait de réduire le nombre de vecteurs supports permet d'optimiser le temps de classification qui dépend essentiellement de ce nombre(équation 4.1).

4.5.4 Utilisation du paramètre ρ

Le paramètre ρ, utilisé dans notre méthode, permet de contrôler le taux de filtrage. Une valeur basse écarte les exemples même s'ils sont très proches des frontières de séparation, ce qui réduit le taux de reconnaissance. D'autre part, une valeur élevée de ρ garde des exemples même s'ils sont loin des frontières de séparation. Les courbes de la figure 4.9 montrent l'évolution des taux de filtrage et de reconnaissance en fonction de ρ pour les bases German et Tow Ellipses.

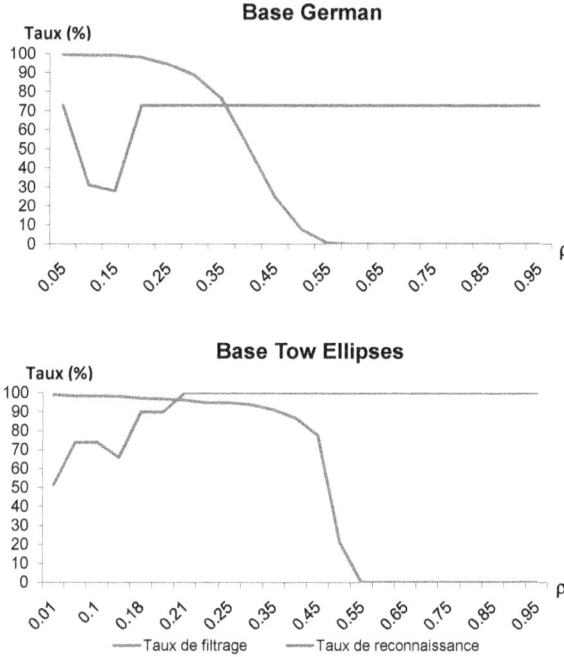

FIGURE 4.9 – Influence du paramètre ρ sur les taux de filtrage et de reconnaissance

Nous constatons que le paramètre ρ donne toujours les bons résultats entre 0 et 0.4. Ce paramètre permet de contrôler la surface de couverture de x_i. Une valeur trop proche de 0 de ce paramètre donne une zone de couverture plus large c-à-d un nombre plus important d'exemples couvrants et par conséquent, augmenter le taux de filtrage. Plus ρ est élevé moins est la marge de couverture et moins est le nombre d'exemples couvrants, donc moins est la chance de l'exemple d'être écarté. Le taux de filtrage augmente donc avec la diminution de ρ mais le taux de reconnaissance diminue. La meilleur valeur de ρ est celle qui maximise le taux de reconnaissance et le taux de filtrage. Dans la figure 1, pour la base German la meilleure valeur de ρ est de 0.1 et pour la base Tow Ellipses est de 0.15.

4.5.5 Détermination automatique de ρ

Pour la détermination automatique du paramètre ρ, nous proposons de l'initialiser à 0 puis l'augmenter à chaque fois d'un certain pas (0.05 par exemple) tout en observant le taux de reconnaissance. S'il s'améliore, on continue l'augmentation de ρ, sinon on arrête et on prend le modèle de l'itération du meilleur taux de reconnaissance (figure 4.10).

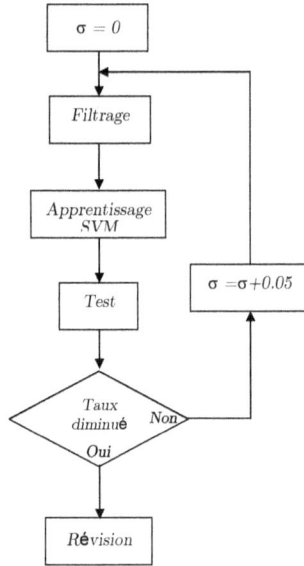

FIGURE 4.10 – Détermination automatique de ρ

L'application de cette technique sur la base German nous a permis d'atteindre le meilleur taux de reconnaissance au bout de la troisième itération ce qui augmente le temps d'entrainement de la méthode à 1.734 secondes mais qui reste toujours négligeable par rapport au temps d'entrainement de la méthode SVM sans filtrage qui est de 501 secondes.

La phase de révision est lancée si le taux de reconnaissance après le premier apprentissage n'est pas satisfaisant. Cette phase permet de revenir au taux donné par l'apprentissage du SVM classique sans filtrage pour un coût minimum. En effet, on n'a besoin que de modifier légèrement le premier hyperplan pour revenir au cas général. Le temps global d'apprentissage après révision est toujours inférieur à celui de l'apprentissage utilisant tous les exemples.

4.6 Conclusion

Dans ce chapitre, nous avons présenté une contribution qui vise à augmenter la scalabilité de la méthode SVM. En effet, les SVMs, malgré leur succès, souffrent encore du temps élevé d'entrainement dans le cas d'apprentissage offline des grandes bases de données. Notre contribution [40, 43] vise à surmonter ce problème par la proposition d'une nouvelle méthode pour la découverte des exemples candidats d'être des vecteurs supports, avant de commencer l'apprentissage.

Le but de notre approche est de réduire le temps nécessaire à l'entrainement surtout dans le cas des grandes bases de données. Les résultats obtenus sont très convaincants et très intéressant en terme de temps d'apprentissage et de taux de reconnaissance. Le temps d'entrainement obtenu est réduit d'une façon très significative tout en préservant la précision. La vitesse de classification est aussi améliorée par la réduction du nombre de vecteurs supports obtenus.

La limite de notre méthode est qu'elle échoue dans le cas où la plupart des exemples se concentrent aux frontières de la zone de décision.

Chapitre 5

SVM multiclasse basée sur le OC-SVM

5.1 Introduction

Nous avons présenté dans la section 2.4, l'extension de la méthode SVM binaire au cas multiclasse, qui vient répondre aux besoins réels de classification qui sont dans la majorité des cas multiclasse. Même avec l'utilisation des différentes techniques d'accélération de la méthode SVM binaire, telles que la méthode CB-SR présentée dans le chapitre précédent, les performance de la méthode SVM multiclasse restent insuffisantes. Cela est du à ce que le méthodes de décompositions utilisent les mêmes exemples plusieurs fois pour apprendre des hyperplans différents.

Notre motivation pour l'optimisation de la méthode SVM multiclasse vient aussi de nos applications sur les images des dattes et des sons dans le chapitre 6 où nous avons remarqué la lenteur de l'apprentissage multiclasse utilisant les méthodes 1vs1 et 1vsR.

Dans ce cadre, nous proposons une méthode appelée OCBM-SVM (One Class Based Multiclass SVM) qui utilise la méthode SVM monoclasse pour optimiser la SVM multiclasse. La méthode proposée étend la SVM monoclasse au cas multiclasse contrairement aux méthodes 1vsR et 1vs1 qui étendent la SVM binaire.

Notre technique permet d'accélérer les temps d'entrainement, de classification et de réduire la taille du modèle de décision, tout en gardant des précisons très proches de celles des autres méthodes. Les tests effectués sur des toys et sur des bases de données du cite UCI [54] montrent les avantages de la méthode proposée.

5.2 Travaux antérieurs

Les deux méthodes largement utilisées se basent essentiellement sur l'extension du modèle binaire à savoir la méthode une-contre-reste (1vsR) et la méthode une contre une (1vs1). La méthode 1vsR, proposé par Vladimir vapnik dans [149] apprend pour chaque classe un hyperplan qui la sépare de toutes les autres, en considérant cette classe comme étant la classe positive et toutes les autres négatives puis affecte un nouvel exemple, lors de la classification, à la classe pour laquelle il maximise la profondeur. La méthode 1vs1, proposée par Kreb et al. dans [83], apprend pour chaque paire de classes un hyperplan de séparation, et utilise les listes de vote ou les graphes de décision (DAG) pour affecter un nouvel exemple à une classe (voir section 2.4). Dans [96, 133, 8, 100, 124], des études comparatives sont effectuées pour évaluer les performances de ces méthodes. Selon ces références, la méthode 1vs1 est plus rapide tandis que la méthode 1vsR est plus précise.

Plusieurs travaux de recherche sont élaborés pour améliorer les performance de ces deux techniques. Les auteurs de [65] proposent une méthode moitié contre moitié (Half-vs-Half) où à chaque étape du processus d'entrainement, ils subdivisent les exemples d'entrainement en deux parties, contenant chacune les exemples de la moitié des classes. A la fin un arbre de décision est obtenus, la figure 5.1 représente un exemple d'un arbre construit à partir de six classes.

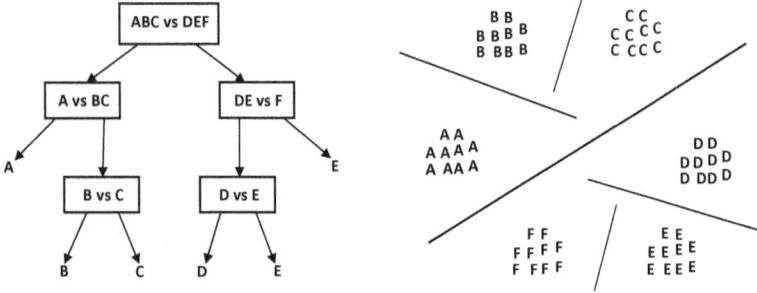

FIGURE 5.1 – Arbre de décision construit par la méthode HvsH

Cette technique, selon ses auteurs a amélioré considérablement la vitesse de la méthode SVM multiclasse tout en préservant sa précision.

Une utilisation de la méthode SVM monoclasse a été proposée dans [160] dans laquelle es auteurs proposent d'utiliser les hypersphères obtenus par la méthode OC-SVM appliquée sur les exemples de chaque classe à part. Pour étendre au cas multiclasse, la même idée de maximisation de profondeur de la méthode 1vsR est appliquée. La figure 5.2 schématise l'idée proposée.

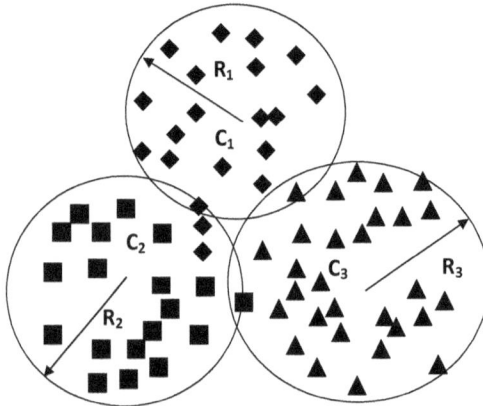

FIGURE 5.2 – Classification par hypersphères dans la méthode OC-SVM

Cette technique ne prend en compte, lors de l'apprentissage d'une hypersphère aucune information sur les autres classes, ce qui limite de sa précision. Ce problème apparait clairement sur la figure 5.2 où des exemples sont classés dans plus d'une classe, il apparait aussi au niveau des précisions obtenus dans leur papier.

Arun et ses co-auteur ont proposé, dans [10], une autre alternative appelée R-1vsR (reduced 1vsR) qui se base sur la réduction des exemples utilisés pour l'apprentissage de la méthode 1vsR. Ils proposent de commencer par l'apprentissage d'un hyperplan séparant la première classe de toutes les autres en utilisant tous les exemples. Pour l'apprentissage de chaque hyperplan d'une classe $C_{i>1}$ on utilise les vecteurs supports des hyperplans des classes $C_{j<i}$ et tous les exemples

des classes $C_{l>i}$. Cette technique permet d'optimiser la méthode 1vsR mais reste liée au nombre de vecteurs supports obtenus pour chaque classe et à l'ordre d'apprentissage des hyperplans.

Dans [13], les auteurs proposent des améliorations pour les deux techniques 1vs1 et 1vsR précédentes. Les méthodes proposées se basent sur les arbres de décisions optimisés (ODT-SVM) où le choix des classes utilisées pour le calcul des hyperplans est fait à base du gain maximum d'informations (ou Gini index). Dans la méthode 1vs1-ODT-SVM, on calcule pour chaque classe le gain d'information par rapport à toutes les autres. On prend la classe du gain maximum et on lui calcule un hyperplan la séparant de toutes les autres puis on élimine cette classe de l'ensemble d'entrainement et on refait la même chose avec les classe restantes. La figure 5.3 schématise le principe de partitionnement des classes sur un exemple de 4 classes.

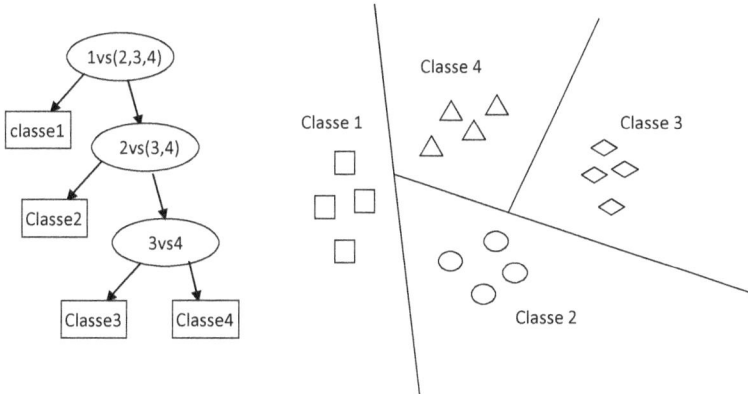

FIGURE 5.3 – Partitionnement effectué par la méthode 1vsR-ODT

Lors de la classification, un exemple est classé par l'hyperplan de la racine, si le résultat est positif, l'exemple est affecté à la classe 1 sinon on passe à l'hyperplan du deuxième niveau, et ainsi de suite jusqu'à l'obtention d'une réponse positive.

5.3 Méthode SVM multiclasse basée OC-SVM proposée

Dans cette méthode, nous proposons d'accélérer la méthode SVM multiclasse en utilisant la SVM monoclasse. Au lieu de la SVM binaire, nous proposons d'utiliser la SVM monoclasse qui permet d'obtenir un hyperplan pour chaque classe qui la sépare du reste de l'espace (section 2.5).

Pour chaque classe, nous recherchons un hyperplan à partir uniquement de ses exemples. Puis dans la phase de classification, nous construisons pour chaque classe un nouvel hyperplan bi-classes qui la sépare de toutes les autres classes. Cet hyperplan biclasse est calculé à partir de l'hyperplan monoclasse précédent et de l'exemple le plus proche des autres classes.

Le nouvel hyperplan biclasse est un décalage de l'hyperplan monoclasse, il se situe entre l'exemple mal-classé de la classe cible le plus éloigné de l'hyperplan précédent, et l'exemple appartenant aux autres classes le plus proche de cet hyperplan. Cette méthode, appelée OCBM-SVM (*One-Class Based Multi-class SVM*), permet d'optimiser le temps d'entrainement, le temps de classification et la taille du modèle construit.

L'utilisation de la méthode SVM monoclasse permet d'obtenir, dans l'espace des caractéristiques, un hyperplan séparant les exemples d'une classe de l'origine, ce qui se traduit dans l'espace d'origine par une forme englobant ces exemples. L'application directe de cette technique dans le cas multiclasse donne lieu a de larges zones d'indécision (zone hachurée dans la figure 5.4).

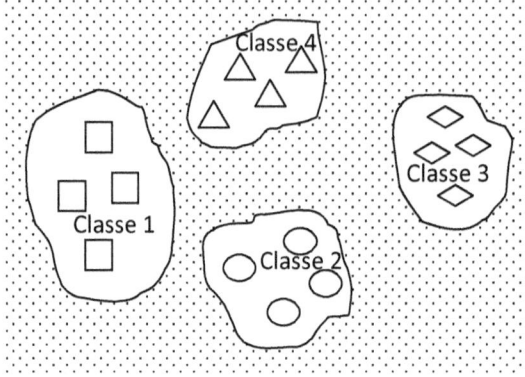

FIGURE 5.4 – Zones d'indécisions dans la méthode SVM monoclasse

Pour corriger cette lacune et éliminer les zones d'indécision, nous proposons dans notre méthode d'utiliser la technique du maximum de profondeur utilisée dans la méthode 1vsR qui consiste à affecter un exemple à la classe pour laquelle il maximise la fonction de décision. L'application de cette technique a permis de surmonter le problème des zones d'indécision ce pendant, les hyperplans obtenus sont très proches de leurs classes ce qui réduit la précision des modèles obtenus tel que dans la méthode OC-SVM [160]. Cela est du à ce qu'un hyperplan d'une classe est calculé sans prendre en considération les exemples du reste des classes (figure 5.5).

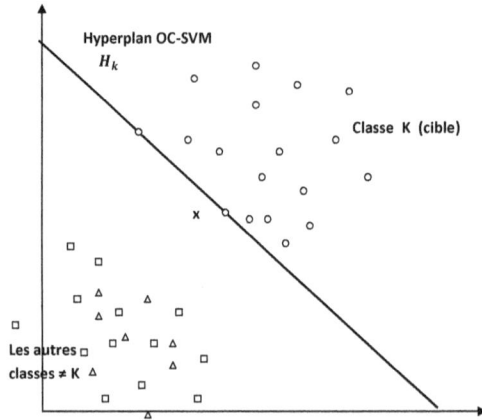

FIGURE 5.5 – Imprécision de la méthode multiclasse basée monoclasse avec maximum de profondeur

En effet, la méthode OC-SVM permet d'obtenir un hyperplan séparant une classe du reste de l'espace, cet hyperplan ne sépare pas l'espace d'une façon équitable entre la classe cible et les autres classes, il est plus proche à sa classe qu'aux autres. Cela produit une zone importante de mal-classification contenant les exemples de la marge de séparation les plus proches de la classe cible, tel que pour l'exemple marqué x dans la figure 5.5 classé par l'hyperplan dans les autres classes, alors qu'il semble appartenir à la classe K. Pour corriger cette situation, nous proposons de modifier les hyperplans obtenus par la méthode monoclasse pour renforcer l'information de décision dans le cas où l'exemple n'appartient pas à la classe. Nous proposons donc de trouver pour chaque hyperplan d'une classe, l'exemple le plus proche parmi les exemples de toutes les autres classes, puis de décaler l'hyperplan d'une distance égale à la moitié de la distance entre cet exemple et l'exemple mal classé, de la classe cible, le plus éloigné de l'hyperplan (figure 5.6).

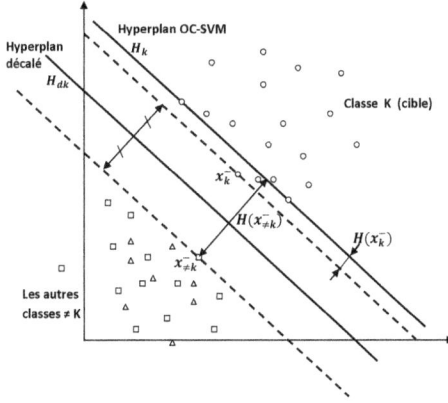

FIGURE 5.6 – Décalage des hyperplans dans la méthode OCBM-SVM

D'une manière plus formelle, soit $H_k(x)$ la fonction de décision utilisant l'hyperplan H_k de la k^{me} classe. Et soit x_k^- l'exemple mal classé de la classe k le plus éloigné de l'hyperplan H, et $x_{\neq k}^-$ l'exemple de classe différente de k le plus proche de l'hyperplan H_k. La distance de x_k^- de l'hyperplan est donnée par $H_k(x_k^-)$ et la distance entre l'hyperplan et $x_{\neq k}^-$ est donnée par $H_k(x_{\neq k}^-)$. Le décalage proposé est donc de $\frac{(H_k(x_k^-)+H_k(x_{\neq k}^-))}{2}$, et la nouvelle fonction de décision pour un exemple x peut être calculée par l'hyperplan décalé H_{dk} de l'équation 5.1 :

$$H_{dk}(x) = H_k(x) - \frac{(H_k(x_k^-) + H_k(x_{\neq k}^-))}{2} \tag{5.1}$$

Algorithme d'entrainement

L'algorithme 2 suivant utilise la méthode proposée pour apprendre un modèle SVM multi-classe.

Algorithme 2 Entrainement de la méthode OCBM-SVM

Entrée : Ensemble de donnée d'entrainement

$\quad\quad S = \{(x_i, y_i), \quad i = 1..n / x_i \in \Re^m, y_i = \{1..K\}\}$,

$\quad\quad$ Un noyau avec ses paramètres,

Sortie : K hyperplans défini chacun par un ensemble de vecteurs supports et

$\quad\quad$ deux scalaires : le biais ρ et le décalage d

1 :**Pour** chaque classe C_k, $k = 1..K$, **faire**

2 : $\quad$ Calculer un hyperplan H_k séparant C_k de l'espace par l'algorithme SMO monoclasse.

3 : $\quad$ Rechercher l'exemple x_k^- de la classe C_k minimisant $H_k(x)$

4 : $\quad$ Rechercher l'exemple $x_{\neq k}^-$ des autres classes ($\neq C_k$) maximisant $H_k(x)$

5 : $\quad$ Calculer le décalage $d_k = \frac{H_k(x_k^-) + H_k(x_{\neq k}^-)}{2}$

6 : **FPour**

7 : **Fin**

Après le calcul de tous les K hyperplans décalés, la décision à propos de la classe k^* d'un nouvel exemple x peut être donnée par la règle de décision discrète de l'équation 5.2 :

$$k^* = \underbrace{Arg}_{(1 \leq k \leq K)} \ Max H_{dk}(x) \tag{5.2}$$

5.4 Analyse de complexité et comparaison

La méthode OCBM-SVM permet d'optimiser le temps d'entrainement, de classification et la taille du modèle de décision obtenu par rapport aux méthodes classiques 1vsR, 1vs1 et aux méthodes ODT-SVM, HvsH, R-SVM et OC-SVM.

5.4.1 Entrainement

Nous recherchons pour K classes K hyperplans, mais contrairement à la méthode 1vsR, nous utilisons, pour trouver chaque hyperplans H_k, uniquement les données de la classe k ce qui permet d'accélérer considérablement la vitesse d'entrainement. Le tableau 5.1 représente une comparaison de notre méthode aux méthodes 1vsR, 1vs1, ODT-SVM, HvsH, R-SVM et OC-SVM. La comparaison porte sur le nombre d'hyperplans utilisés, le nombre d'exemples utilisés par chaque hyperplan, ainsi que l'estimation du temps d'entrainement en fonction du nombre d'exemples d'une classe N_c. Nous supposons, pour des raisons de simplification, que les classes ont le même nombre d'exemples. Le temps estimé est basé sur l'algorithme SMO [111] où chaque hyperplan H_k utilisant N_k exemples nécessite un temps de βN_k^2 où β représente les conditions d'exécution (mémoire disponible, processeur utilisé, ... etc).

TABLE 5.1 – Table comparative des temps d'entrainement des différentes méthodes

Méthode	# hyperplans	# exemples/hyperplan	Temps estimé
1vsR	K	$K N_c$	$K^3 \beta N_c^2$
1vs1	$K(K-1)/2$	$2N_c$	$2\beta K^2 N_c^2$
ODT-SVM	$K - 1$	$N_c(K - i + 1)$	$\frac{K^3}{3} \beta N_c^2$
HvsH	$2^{log_2 K} - 1$	$N - N_c(i - 1)$	$2\beta K^2 N_c^2$
R-SVM	K	$(K - i)N_c + i N_v s$	entre $\frac{K^3}{3} \beta N_c^2$ et $K^3 \beta N_c^2$
OC-SVM	K	N_c	$K \beta N_c^2$
OCBM-SVM	K	N_c	$K \beta N_c^2$

- La méthode 1vsR utilise pour déterminer chacun des K hyperplans tous les KN_c exemples d'entrainement, ce qui implique un temps d'entrainement de $K^3\beta N^2$.
- La méthode 1vs1 calcule un hyperplan pour chaque paire de classes, c-à-d $K(K-1)/2$ hyperplans, et pour déterminer un hyperplan séparant deux classes, elle utilise les exemples de ces deux classes $(2N_c)$, ce qui donne un temps d'entrainement de $2\beta K^2 N_c^2$.
- La méthode ODT-SVM calcule $(K-1)$ hyperplan, chaque hyperplan i est calculé à base de $(K-i-1)N_c$ exemples. Le temps d'entrainement est donc de $\frac{K^3}{3}\beta N_c^2$.
- La méthode HvsH calcule à chaque niveau i, 2^{i-1} hyperplans utilisant chacun $\frac{K}{2^{i-1}}N_c$ exemples. Le temps d'entrainement est donc de $2K^2\beta N_c^2$.
- La méthode R-SVM utilise K hyperplans. Pour apprendre chaque hyperplan, elle utilise les vecteurs supports des classes précédentes et tous les exemples des classes restantes. Dans le cas où le nombre de vecteurs supports est élevé le temps d'entrainement se rapproche de celui de la méthode 1vsR. Si par contre le nombre de vecteurs supports est très réduit le temps tend celui de la méthode ODT-SVM.
- Notre méthode nécessite le calcul de K hyperplans, chacun sépare une classe du reste de l'espace. Pour déterminer chaque hyperplan, nous utilisons donc uniquement les exemples d'une seule classe ce qui se traduit par un temps global d'entrainement de l'ordre de $K\beta N_c^2$.

Il est claire que :

$$K\beta N_c^2 < 2K^2\beta N_c^2 < \frac{K^3}{3}\beta N_c^2 < K^3\beta N_c^2 \tag{5.3}$$

Ce qui signifie que la méthode que nous proposons optimise le temps d'entrainement par rapport aux autres méthodes quelque soit le nombre de classes et le nombre d'exemples. La méthode OC-SVM donne une vitesse d'entrainement semblable à la notre mais à très faible précision (voir la section d'expérimentations).

5.4.2 Classification

Dans la phase de classification, le temps de calcul dépend du nombre d'hyperplans utilisés, du nombre de vecteurs supports dans chaque hyperplan et bien sur des conditions d'exécution β de la machine utilisée. Le tableau 5.2 représente une comparaison entre les temps de classification d'un nouvel exemple par les différentes méthodes. Ce temps est calculé en fonction du nombre de vecteurs supports de chaque hyperplan, qui est égal, au maximum, au nombre total des exemples utilisés pour trouver l'hyperplan.

TABLE 5.2 – Table comparative des temps de classification des différentes méthodes

Méthode	# hyperplans utilisés	Temps estimé
1vsR	K	$K^2\beta N_c$
1vs1	$K(K-1)/2$	$K(K-1)\beta N_c$
DAG	$(K-1)$	$2(K-1)\beta N_c$
ODT-SVM	$K-1$	$(\frac{K(K+1)}{2}-1)\beta N_c$
HvsH	$log_2 K$	$2K\beta N_c$
R-1vsR	K	entre ODT-SVM et 1vsR
OC-SVM	K	$K\beta N_c$
OCBM	K	$K\beta N_c$

- La méthode 1vsR utilise K hyperplans, et pour tester un exemple, elle l'évalue pour tous les hyperplans. Sachant que chaque hyperplan contiene un nombre de vecteurs supports égal, au maximum, au nombre total d'exemples, le temps estimé pour trouver la classe d'un exemple est donc $K^2\beta N_c$, où β est une constante qui représente les conditions d'exécution.
- Pour la méthode 1vs1 utilisant la liste de vote, le temps de classification estimé est de $K(K-1)\beta N_c$,

- Pour la méthode 1vs1 utilisant les graphes de décision, le temps de classification estimé est diminué à $2(K-1)\beta N_c$,
- La méthode ODT-SVM utilise $K-1$ hyperplans et pour évaluer un exemple, elle le teste par tous ces hyperplans. Pour chaque hyperplan i, elle utilise $(K-i-1)N_c$ exemples, ce qui donne un temps global de classification $(\frac{K(K+1)}{2}-1)\beta N_c$.
- La méthode HvsH passe, pour évaluer un exemple, par $log_2(K)$ hyperplan dans l'arbre construit. A chaque test d'un hyperplan i, elle utilise $\frac{K}{2^{i-1}}$ exemples, ce qui donne donne un temps total de test de $2K\beta N_c$.
- La méthode R-1vsR utilise K hyperplans avec un nombre total de vecteurs supports entre celui de la méthode ODT-SVM et celui de la méthode 1vsR, ce qui donne un temps de tests entre les temps de tests de ces deux méthodes.
- La méthode OC-SVM utilise K hyperplans de N_c vecteurs supports chacun ce qui donne un temps global de classification de $K\beta N_c$.
- Le temps estimé pour notre méthode est de $K\beta N_c$ du fait qu'elle teste l'exemple pour K hyperplans contenant en tout, au maximum, KN_c vecteurs supports.

Si on élimine dans la colonne du temps estimé dans le tableau 5.2 le facteur βN_c, on remarque bien que la méthode OCMB-SVM optimise le temps de classification par rapport à toutes les autres sauf la méthode OC-SVM qui a le même temps de classification, mais qui souffre du problème de précision. Cela dépend toujours du nombre de vecteurs supports obtenus par la méthode d'entrainement et qui peut être très important par rapport au nombre de classes K.

Les performances de notre méthode OCBM-SVM augmentent avec l'augmentation du nombre de classes et le nombre d'exemples. En augmentant le nombre de classes, l'écart entre le nombre d'hyperplans utilisées par notre méthode et par les autres méthodes augmente. De même, en augmentant le nombre d'exemples des classes, la différence en nombre total d'exemples utilisés entre la méthode OCBM-SVM et les autres méthodes augmente. Cela rend notre méthode convenable pour les bases de données de grandes tailles.

5.4.3 Taille du modèle

La taille du modèle est la quantité d'informations enregistrées après l'apprentissage pour pouvoir utiliser le modèle de décision par la suite. En effet, le classifieur obtenu contient en plus des paramètres du noyau, les informations sur les hyperplans à savoir les valeurs des α_i différents de 0, les exemples correspondants aux α_i différents de 0, et le biais (b ou ρ). Le tableau 5.3 compare l'estimation de la taille du modèle obtenu pour chacune des méthodes. On suppose que chaque valeur d'un attribut pour un exemple, d'un biais ou d'un α est représentée par δ octets.

TABLE 5.3 – Table comparative des tailles des modèles obtenus par les différentes méthodes

Méthode	# hyperplans	# exemples/hyperplan	Taille estimé
1vsR	K	KN_c	$2K^2\delta N_c + K\delta$
1vs1	$K(K-1)/2$	$2N_c$	$K(K-1)(2N_c + \frac{\delta}{2})$
ODT-SVM	$K-1$	$N_c(K-i+1)$	$(2\frac{K(K+1)}{2}-1)\delta N_c + (K-1)\delta$
HAH	$2^{log_2K}-1$	$N-N_c(i-1)$	$2Klog_2(K)\delta N_c + (K-1)\delta+$
R-1vsR	K	$(K-i)N_c + iN_{vs}$	entre ODT-SVM et 1vsR
OC-SVM	K	N_c	$K\delta(N_c+2)$
OCBM-SVM	K	N_c	$K\delta(N_c+2)$

La taille du modèle estimé ici ne comprend pas les données normalisées des exemples, et qui doivent être stockées pour calculer la fonction de décision, et qui sont les mêmes pour toutes les méthodes. La taille estimée comprend pour chaque hyperplan les valeurs des α_i, leurs classes correspondantes si on utilise le SVM binaire et le biais b.

Pour notre méthode, nous ajoutons la valeur du décalage pour chaque hyperplan. Il apparait clair de la table que la méthode OCBM-SVM optimise aussi la taille du classifieur obtenu du fait qu'elle optimise le nombre global de vecteurs supports utilisés pour les tests.

5.5 Expérimentations

Dans l'analyse de la section précédente, nous avons montrer analytiquement les avantages de notre méthode par rapport aux autres en terme de vitesse d'entrainement, de classification et de la taille du modèle de décision obtenu.

Dans cette section, nous allons analyser la précision de la méthode OCBM-SVM, la précision est matérialisée par le taux de reconnaissance obtenu sur différents jeux de données en utilisant la méthode de validation croisée de 10 partie (voir la section 2.8.2.2).

Les expérimentations ont été réalisées premièrement sur des exemples de type Toy (2 dimensions) de différentes complexités, ensuite sur des bases de données benchmarks de classification multiclasse du site "Machine Learning Repository UCI" [54].

5.5.1 Données utilisées

Trois jeux de données de type toy de différentes complexités ont été utilisées, dans une première phase, pour confirmer visuellement les performances de la méthode OCBM-SVM. Le tableau 5.4 résume les caractéristiques des exemples utilisées.

TABLE 5.4 – Exemples de type toy utilisés

Toy1		Toy2		Toy3	
# Exemples	# Classes	# Exemples	# Classes	# Exemples	# Classes
611	3	722	8	2478	14

Nous avons utilisé aussi des bases de données du site UCI pour tester la méthode sur des bases de données de références avec plusieurs attributs et pour la comparer aux méthodes ODT-SVM et HvsH. Le tableau 5.5 présente ces bases de données et leurs caractéristiques :

TABLE 5.5 – Tables utilisées pour les tests

Table	Domaine	N_{att}	N_{class}	N_{entr}	N_{test}
PageBlocks	Web	10	5	389	5090
Segment	Traitement d'image	19	7	500	1810
Vehicule	Industrie	18	4	471	377
Abalone	Industrie	8	27	3133	1044
Letter	Reconnaissance de caractères	16	26	2000	10781
OptDigits	Industrie	64	10	3824	1797
Iris	Biologie	4	3	105	35
SatImage	Traitement d'image	36	7	4435	2000
Glass	Physique	10	7	214	214
Yeast	Biologie	8	10	1484	1484
Wine	Physique	13	3	178	178
Scc	Industrie	60	2	420	180

N est le nombre total d'exemples de la base, N_{att} est le nombre d'attributs, N_{class} est le nombre de classes dans la base, N_{entr} est le nombre d'exemples utilisés pour l'entrainement et N_{test} est le nombre d'exemples utilisés pour les tests.

5.5.2 Matériel et critères d'évaluation

La méthode que nous proposons a été testée sur une machine Dual-core de 1.6 GHZ avec 1 GO de RAM. Le noyau utilisé est le noyau RBF avec la méthode de validation croisée de 10 parties pour trouver les meilleurs paramètres. La méthode d'optimisation utilisée est l'algorithme SMO [111]. Les critères d'évaluation des performances de notre méthode sont le temps d'entrainement en secondes $Te(s)$, le temps de test (classification) en secondes $Tt(s)$, le taux de reconnaissance R et la taille du modèle obtenu. Le temps de classification dans le cas des toys est le temps nécessaire à la classification de tous les exemples de l'espace utilisé (tous les pixels de l'image) soient 438×438 exemples. Dans le cas des bases de données le temps de classification représente le temps de classification de tous les exemples de la base de test.

5.5.3 Résultats et bilan

Les toys sont utilisées pour comparer visuellement la précision de notre méthode avec celle des méthodes 1vsR et 1vs1. Dans la section 5.5.3.1, nous présentons les résultats de cette comparaison. Les auteurs des méthodes ODT-SVM et HvsH ont utilisées les bases de données Iris, SatImage, Glass, Yeast et Wine dans leur analyse. Dans la section 5.5.3.2, nous présentons les résultats des tests de notre méthode sur ces bases de données.

5.5.3.1 Sur des Toys

Les premiers tests ont été effectués sur les toys du tableau 5.4 de différentes complexités et ont montré les avantages de la méthode OCBM-SVM par rapport aux méthodes 1vs1 et 1vsR. Les résultats obtenus sont représentés dans les tableaux 5.6, 5.7 et 5.8 suivants :

TABLE 5.6 – Résultats sur Toy1

1vs1				DAG			
Te(s)	Tt (s)	R(%)	Taille(KB)	Te(s)	Tt (s)	R(%)	Taille(KB)
10.406	19.625	100	12.13	10.406	14.313	100	12.13
1vsR				OCBM-SVM			
Te(s)	Tt (s)	R(%)	Taille(KB)	Te(s)	Tt (s)	R(%)	Taille(KB)
12.281	25.485	100	15.682	0.14	21.719	100	14.842

TABLE 5.7 – Résultats sur Toy2

1vs1				DAG			
Te(s)	Tt (s)	R(%)	Taille(KB)	Te(s)	Tt (s)	R(%)	Taille(KB)
6.5	57.813	100	37.49	6.5	22.906	100	37.49
1vsR				OCBM-SVM			
Te(s)	Tt (s)	R(%)	Taille(KB)	Te(s)	Tt (s)	R(%)	Taille(KB)
10.719	38.531	100	22.946	0.125	32.844	100	17.786

TABLE 5.8 – Résultats sur Toy3

1vs1				DAG			
Te(s)	Tt (s)	R(%)	Taille(KB)	Te(s)	Tt (s)	R(%)	Taille(KB)
343.531	644.219	100	302.558	343.531	152.359	100	302.558
1vsR				OCBM-SVM			
Te(s)	Tt (s)	R(%)	Taille(KB)	Te(s)	Tt (s)	R(%)	Taille(KB)
546.047	454.344	100	209.546	0.656	132.563	100	60.266

La figure 5.7 représente une comparaison entre les résultats obtenus.

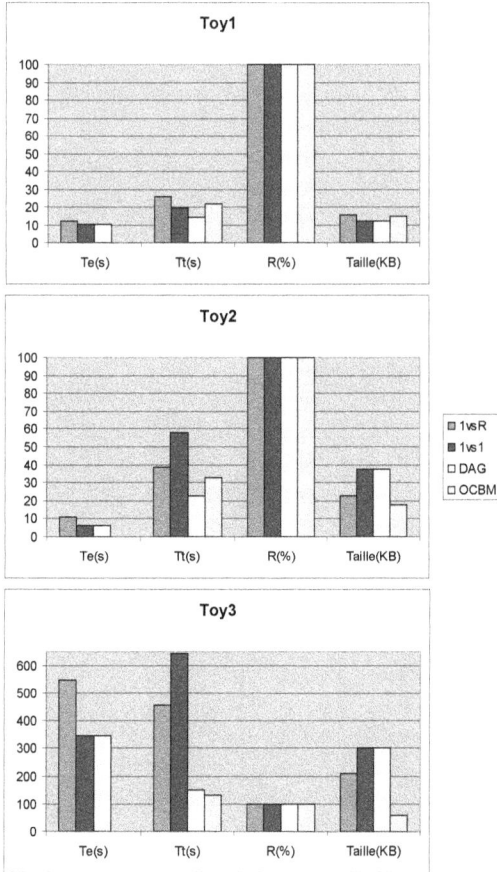

FIGURE 5.7 – Comparaison entre les résultats des méthodes multiclasse testées

Sur les trois toys, les trois méthodes, 1vsR, 1vs1 (listes de vote et DAG) et OCBM ont obtenu un taux de reconnaissance de 100% mais à des coûts différents.

– Le temps d'entrainement de la méthode OCBM est négligeable par rapport aux autres dans les trois cas.

– Le temps de classification de notre méthode est toujours meilleur à celui de la méthode 1vsR.

Pour les méthode 1vs1 avec listes de vote et DAG, notre méthode devient meilleure avec l'augmentation du nombre de classes ce qui peut être remarqué dans la table 5.2 où plus K est élevé plus est la différence entre la méthode OCBM et 1vs1. Cela est dû à ce que le temps de classification dépend aussi du nombre de vecteurs supports obtenus par la méthode d'entrainement. Si K est réduit le nombre d'hyperplans est très proche entre les méthodes et le temps de classification dépend plus de N_c, c-à-d des vecteurs supports.

Dans la méthodes 1vs1, un hyperplan sépare deux classes et les vecteurs supports se situent sur un seul coté des deux classes. Dans notre méthode, les vecteurs supports obtenus

entourent la classe de tous les coté et la séparent du reste de l'espace.
Avec nombre élevé de classes (plus de 4) notre méthode obtient un temps de classification meilleur que celui des variantes de listes de vote et DAG de la méthode 1vs1.
- La même conclusion peut être déduite concernant la taille du modèle puisqu'il dépend aussi du nombre de classes et du nombre de vecteurs supports.

5.5.3.2 Sur des bases UCI

Contrairement aux exemples de type toys de la section précédente, les bases de données du site UCI contiennent un nombre plus élevé d'attributs et représentent des cas réels d'application. Les tests effectués sur des ce bases confirment aussi les résultats théoriques déjà avancés dans la section d'analyse de la complexité. La table 5.9 résume les résultats de comparaison entre notre méthode et les méthodes 1vs1 et 1vsR, obtenus sur les bases de test présentées dans la table 5.5.

TABLE 5.9 – Résultats sur différentes bases de données

Base	Paramètres	1vs1(Vote)	1vs1(DAG)	1vsR	OCBM-SVM
PageBlocks	T_e (s)	332	332	1105.516	**8.531**
	T_t (s)	6.922	**4.718**	7.906	8.109
	$R(\%)$	**93.33**	**93.33**	93.31	93.31
	$Taille(KB)$	135.726	135.726	168.986	**34.170**
	$\#Hyperplans$	10	10	5	5
Segment	T_e (s)	51.860	38.875	105.172	**0.079**
	T_t (s)	**1.828**	2.844	3.859	2.843
	$R(\%)$	**78.23**	77.79	76.85	76.24
	$Taille(KB)$	266.346	266.346	177.522	**78.162**
	$\#Hyperplans$	21	21	7	7
Vehicule	T_e (s)	481.313	481.313	1127.172	**0.171**
	T_t (s)	0.812	0.656	**0.484**	0.672
	$R(\%)$	**69.41**	69.41	**72.07**	71.80
	$Taille(KB)$	202.010	202.010	259.546	**71.066**
	$\#Hyperplans$	6	6	4	4
Abalone	$T_e(s)$	3954.047	3954.047	11324.652	**1.5**
	$T_t(s)$	14.125	6.421	9.322	**5.282**
	$R(\%)$	21.64	21.16	24.89	**25**
	$Taille(KB)$	2996.002	2996.002	5478.347	**226.954**
	$\#Hyperplans$	351	351	27	27
Letter	$T_e(s)$	4399.344	4399.344	34466.938	**52.703**
	T_t (s)	246.453	44.500	98.484	**10.766**
	$R(\%)$	82.91	82.91	**84.83**	79.59
	$Taille(KB)$	6102.174	6102.174	2713.442	**214.034**
	$\#Hyperplans$	325	325	26	26
OptDigits	T_e (s)	16981.984	16981.984	68501.407	**126.593**
	T_t (s)	54.022	**14.5**	32.15	24.578
	$R(\%)$	93.16	93.16	**97.16**	93.56
	$Taille(KB)$	3749.174	3749.174	2148.554	**555.314**
	$\#Hyperplans$	45	45	10	10

En effet, dans toutes les bases de données testées, la méthode améliore considérablement le temps d'apprentissage et la taille du modèle, surtout dans les grandes bases de données.

Pour la base *Abalone*, la méthode OCBM-SVM a réduit le temps d'entrainement de 3954.047 secondes à 1.5 secondes et la taille du modèle de 2996.002 KB à 226.954 KB.

Dans le cas de la base OptDigits, le temps d'entrainement a été réduit de 16981.984 secondes pour la méthode 1vs1 et 68501.407 (plus de 19 heures) pour la méthode 1vsR à seulement 126.593 secondes tout en obtenant une précision meilleure que la méthode 1vs1. Pour la même base, la taille du modèle a été réduite également de 3749.174 KB pour 1vs1 et de 2148.554 KB pour 1vsR à 555.314 KB.

La méthode OCBM-SVM, que nous proposons, permet de conserver un temps de classification, dans le cas des grandes bases de données, proche de celui de la méthode DAG qui représente la méthode la plus rapide en terme de temps de classification.

Effectivement, nous constatons, dans les bases à nombre d'exemples inférieur à 1000 (cas de *PageBlocks*, *Segment* et *Vehicule*), que le temps de classification obtenu par certaines méthodes est meilleur que celui de la nôtre. Cela est dû au fait que dans les bases de petite taille, le travail de préparation des structures de classification (calcul des décalages pour OCBM-SVM) est important devant le travail essentiel de calcul des fonctions de décision.

Dans les bases importantes à nombre d'enregistrements supérieur à 1000 et nombre de classes supérieur à 10 (cas des bases *Abalone*, *Letter*, *OptDigits*), l'amélioration du temps de test est remarquable. En effet, pour la base Abalone, notre méthode a permis d'obtenir un temps de classification de 5.282 secondes contre 6.421 secondes pour DAG. Aussi pour la base Letter, le temps de classification était de 10.766 secondes contre 44.5 secondes pour DAG. Dans la base OptDigits, le temps obtenu par la méthode DAG était meilleur que celui par la méthode OCBM-SVM, ce qui peut être expliqué par le nombre de vecteurs supports obtenus par chaque méthode d'entrainement qui a une influence importante sur le temps de classification (voir 5.4.2).

Nous avons vu dans la section d'analyse de complexité les avantages de notre méthode par rapport aux méthodes ODT-SVM et HvsH en terme de vitesse d'entrainement et de classification et la taille du modèle obtenu. Dans cette section, nous comparons la précision de notre méthode à celle des méthodes ODT-SVM, HvsH, R-1vsR et OC-SVM en utilisant les mêmes bases utilisées par ces méthodes. Le tableau 5.10 résume les résultats obtenus.

TABLE 5.10 – Comparaison de la précision des méthode ODT-SVM, HvsH, R-1vsR, OC-SVM et OCBM

Base	ODT-SVM	HvsH	R-1vsR	OC-SVM	OCBM-SVM
Iris	98	100	/	90.67	100
Scc	/	99.44	/	/	93.88
Glass	77.57	/	/	71.03	99.53
Wine	98.98	/	/	54.49	100
Yeast	68.65	/	/	/	99.93
PenDigits	/	98.37	98.82	/	98.01
SatImage	93.98	/	91.9	/	94.2

En comparant les résultats obtenus dans la table 5.10, nous remarquons clairement que la méthode OCBM proposée obtient une précision meilleure que celle de la méthode ODT-SVM pour toutes les bases de comparaison à savoir, Iris, Class, Wine, et Yeast.

En comparant avec la méthode HvsH, notre méthode a obtenu la même précision sur la base Iris, mais la méthode HsvH a obtenu une précision meilleure sur la base Scc.

Par rapport à la méthode R-1vsR, notre méthode a obtenu une précision très proche sur les bases PenDigits et SatImage, sachant que le temps d'entrainement, de classification et la taille du modèle de notre méthode sont meilleurs (voir la section 5.4). La méthode OC-SVM souffre d'un problème sérieux de précision à cause de la légèreté de sa conception.

En général la méthode OCBM proposée aboutit à une précision concurrente à celles des méthodes utilisée mais à un coût très réduit pour le temps d'entrainement, le temps de classification et la taille du modèle de décision.

5.6 Conclusion

Dans cette deuxième contribution, nous avons présenté une nouvelle méthode appelée OCBM-SVM pour l'apprentissage multiclasse par la méthode SVM. Contrairement aux méthodes classiques 1vs1 et 1vsR qui étendent le principe de la SVM binaire, notre méthode [41, 42] étend le principe de la méthode SVM monoclasse.

Pour atteindre les capacités de généralisation de la méthode SVM binaire, nous avons modifié les hyperplans obtenus par la méthode monoclasse de telle sorte à prendre en compte les informations des autres classes. Cette modification consiste en un décalage d'un hyperplan d'une classe vers l'exemple le plus proches des autres classes. Lors de la prise de décision, notre méthode utilise la technique de maximisation de la profondeur.

La validation de notre méthode a été faite sur des exemples de types toy et sur des bases de données du cite UCI [54] utilisées par des méthodes similaires dans la littérature.

Les résultats obtenus montrent une très grande amélioration du temps d'entrainement, du temps de test ainsi que de la taille du modèle de décision obtenu par rapport à d'autres méthodes, tout en préservant une très haute précision.

La méthode OCBM présente des performance meilleures à celles de ses concurrentes avec l'augmentation du nombre de classes et d'exemples, ce qui prouve son efficacité pour les grandes bases de données.

Chapitre 6

Applications

6.1 Introduction

Dans ce chapitre, nous présentons quelques applications de la méthode SVM qui ont pour but l'évaluation des performances de la méthode dans des cas pratiques de reconnaissance de formes complexes. La première application étudie les performances des SVMs dans la reconnaissance vocale en prenant comme exemple une calculatrice. La deuxième concerne la reconnaissance des images et son utilisation pour le tri automatique des dattes. La troisième application étudie l'utilisation des SVMs pour la reconnaissance des caractères manuscrits arabes. Ces applications nous ont permis de toucher aux vrais problèmes de la méthode et les difficultés d'application.

6.2 Calculatrice vocale par SVM

Depuis longtemps, la reconnaissance vocale n'a cessé d'attirer l'attention des chercheurs et de consommer des budgets, vu le développement très important qu'elle a pu apporter aux systèmes de sécurité, aux interfaces homme-machine et aux systèmes d'aide des non voyants. De tels systèmes se composent généralement de plusieurs étapes [57, 127]. Dans cette contribution, nous présentons une application qui utilise les SVMs pour commander vocalement une calculatrice.

6.2.1 Description du système proposé

On commence par l'acquisition de la voix et sa numérisation, puis son codage. Les données vocales codées passent ensuite par une phase d'analyse afin de faire l'extraction des caractéristiques essentielles de la voix.

Le système de reconnaissance nécessite une étape d'apprentissage où l'utilisateur doit introduire un ensemble de données types qui vont être utilisées à travers un classifieur pour créer un modèle permettant de prendre des décisions à propos des voix en entrée lors de la phase d'utilisation.

Le système proposé utilise un ensemble de commandes vocales. Chaque commande passe par une succession d'opérations : acquisition, segmentation et extraction des vecteurs acoustiques, apprentissage et classification, et finalement calcul et synthèse du résultat. La figure 6.1 schématise les différentes étapes du système.

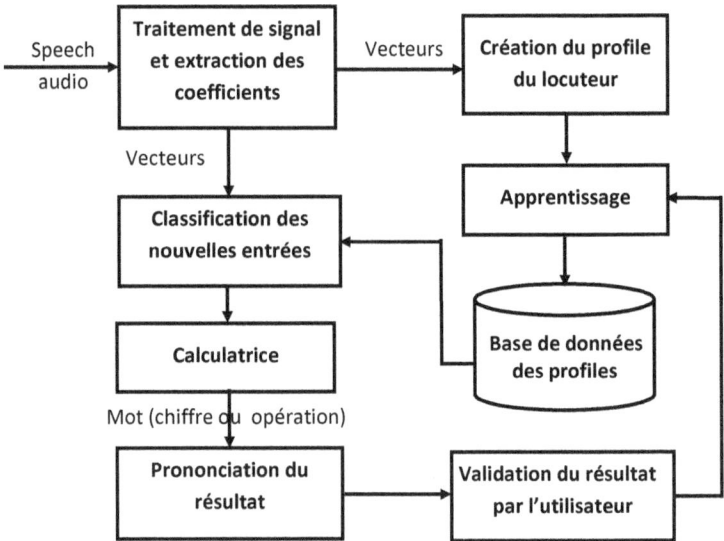

FIGURE 6.1 – Composants du système de la calculatrice vocale proposé

Dans la première phase, l'isolation des mots des slots de silence est très importante. Les mots sont ensuite soumis à une méthode dite LPC (Linear predictif coding) [16] qui permettra de les convertir en des vecteurs contenants leurs caractéristiques statistiques les plus importantes. Les vecteurs obtenus représentent des points dans un espace à n dimensions où n est le nombre d'attributs c-à-d le nombre de composantes des vecteurs. La méthode SVM est utilisée pour apprendre un hyperplan pour chaque voix. Ainsi, chaque nouveau mot détecté va être exposé à chacune des classes (mots) possibles pour trouver la classe la plus adéquate selon une méthode une contre reste (voir 2.4). Une fois le mot (le chiffre ou l'opération) détecté, il est passé à la calculatrice pour l'utiliser.

Après la prononciation du chiffre ou de l'opération introduite par le système, l'utilisateur peut confirmer le résultat et l'utiliser pour renforcer le modèle appris.

6.2.1.1 Traitement du signal

Dans cette phase le signal vocal est numérisé, filtré puis segmenté en paroles et silences. Le signal est recodé premièrement selon le passage par zéro de sa dérivée. On obtient ainsi les extremums du signal à partir desquels les silences et les paroles peuvent être détectés. Un silence est une succession de valeurs inférieurs au niveau moyen du bruit tandis qu'une parole est une succession de piques supérieures à la valeur moyenne du bruit. Si une parole est détectée, elle est passée à la phase d'extraction des caractéristiques.

6.2.1.2 Extraction des caractéristiques

Cette phase est réalisée grâce à un codage prédictif linéaire LPC qui permet d'extraire l'information d'une petite partie de l'enveloppe spectrale de la parole. La LPC prend en entrée une parole et fournit des coefficients correspondants à ses caractéristiques statistiques les plus importantes [16].

6.2.2 Résultats

Le système proposé commence par demander à l'utilisateur d'enregistrer des échantillons des sons utilisés (zéro, un, deux,..., onze,..., Trente,..., cent, mille,..., fois, plus, ,..., virgule,...), ensuite il effectue une analyse LPC de ces sons pour l'extraction de leurs coefficients. Une fois les coefficients définis, on passe à la phase d'apprentissage où on détermine un hyperplan pour chaque ensemble de sons du même symbole, en utilisant la méthode 1vsR.

Dans la base d'apprentissage, on n'enregistre que les paramètres de l'hyperplan pour chaque symbole.

Dans la phase d'utilisation, on détecte le mot prononcé, on extrait les coefficients LPC, puis on applique la fonction de décision de chaque son dans la base jusqu'à trouver la classe qui convient. Une fois le symbole identifié, il est premièrement prononcé par la composante de synthèse de la calculatrice qui utilise des sons déjà préparés et stockés dans une base de données. Le symbole est ensuite utilisé comme une opération ou une opérande selon son type. Si le mot prononcé est 'égale', la calculatrice prononce le résultat.

Les résultats de cette calculatrice, dépendent des paramètres choisis pour la méthode SVM et du nombre d'exemple d'apprentissage utilisés et leur qualité. Pour choisir le noyau nous nous somme basés sur les résultats de plusieurs travaux [57, 48] qui montrent que le noyau le plus adapté à l'apprentissage de la voix par SVM est le noyau gaussien avec les paramètres Gamma = 0.5 et C=10. Les taux d'apprentissage atteints en utilisant le noyau gaussien, sur 150 exemples pour chacun des symboles '0', '1', '5', '7', '+', '*' et '= ' sont donnés dans le tableau 6.1 suivant :

TABLE 6.1 – Résultats de reconnaissance de quelques chiffres par la calculatrice vocale

Classe	Nombre d'exemples	Taux de reconnaissance (%)	Taux d'erreurs (%)
0	150	76.66	23.34
1	150	90.33	9.67
5	150	95	5
7	150	100	0
+	150	89	11
*	150	98	2
=	150	92	8
Total	1200	91.57	8.43

Les résultats obtenus permettent effectivement d'utiliser la calculatrice vocale. Notre article [163] contient plus de détails concernant l'extraction des caractéristiques et l'utilisation de la calculatrice.

6.3 Tri automatique des dattes par SVM

Dans notre région de Biskra située au sud est de l'Algérie, et connue par sa production des dattes, plusieurs usines souffrent du problème de tri manuel des dattes, qui est très lent, marqué de son imprécision, et de son coût élevé, ce qui influe sur la qualité du produit final.

Les dattes sont collectées chaque automne des palmeraies et transférées vers les usines pour leur tri et emballage afin de les préparer à la vente dans le marché local ou les exporter vers l'Europe. Une fois automatisé, le tri des dattes peut contribuer efficacement dans l'amélioration de la production des dattes en augmentant la vitesse de leur préparation et la qualité du produit final fourni au consommateur.

L'objectif de cette contribution est d'automatiser cette tâche en se basant sur un système d'imagerie numérique utilisant la classification par SVM. Une étude minutieuse en collaboration avec des spécialistes dans les usines et des agronomes, nous a permis de déterminer les caractéristiques visuelles les plus pertinentes des dattes qui peuvent être utilisées pour leur classification.

Dans le système proposé, les caractéristiques visuelles d'une datte sont extraites de son image en utilisant les techniques de segmentation connues [167, 154]. Ces caractéristiques sont enregistrées dans une base de données avec leurs classes correspondantes afin de les utiliser pour apprendre un modèle de décision qui pourra guider la classification des nouvelles images.

Cette contribution vise l'optimisation du processus de tri des dattes. Dans la littérature, il existe uniquement des solutions purement mécaniques basées sur le poids des dattes et qui sont proposées en Emirates et en Arabie Saoudite [141]. Ces solutions sont lentes et de de faible précision.

Compac [110] propose des solutions pour le tri d'autres produits tel que les pommes, les pommes de terres, les tomates,...etc. qui se basent sur la couleur, le volume et les tâches donnés par l'utilisateur.

Le système que nous proposons utilise l'apprentissage automatique des qualités à partir des échantillons choisis par un expert pour construire des modèles de décision. Les résultats en termes de taux de reconnaissance sont satisfaisants en les comparant aux taux obtenus dans d'autres applications de classification d'images.

6.3.1 Description du système proposé

Le système proposé capture l'image d'une datte pour l'utiliser, selon le cas, dans l'un des deux modes : apprentissage ou tri.

En mode apprentissage, le système reçoit les images des dattes d'une catégorie donnée l'une après l'autre. Chaque image est traitée et ses caractéristiques essentielles sont extraites (figure 6.2) et stockées dans une base de vecteurs avec le libellé de la classe. Une fois l'acquisition des images de toutes les classes terminée, le système utilise la méthode SVM pour trouver un modèle de décision qui permette de bien distinguer les types les uns des autres et enregistre ce modèle pour l'utiliser lors du tri.

En mode tri, les caractéristiques de l'image en question sont extraites puis exposées au modèle utilisé pour déterminer son type. Le type détecté est utilisé pour commander le système de décision afin de classer la datte dans la bonne classe. En effet le système est composé de deux parties : la partie d'apprentissage et la partie de classification (tri). L'étape d'extraction des caractéristiques est commune entre les deux parties.

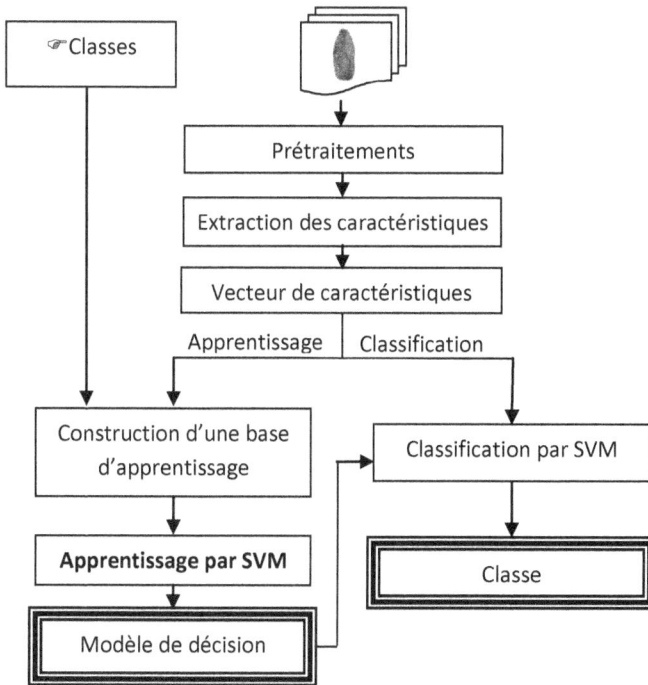

FIGURE 6.2 – Système proposé pour la classification des images des dattes

6.3.2 Extraction des caractéristiques

Nous commençons, dans la phase d'apprentissage, par le traitement des images, l'extraction de leurs caractéristiques, puis l'enregistrement de ces caractéristiques avec les classes correspondantes dans une base de données.

Dans ce travail, nous avons utilisé des images de dattes prises dans une usine de la région et qui sont enregistrées dans une base de données avec leurs classes (types). Les images sont converties en niveaux de gris et filtrées pour éliminer les bruits éventuels dûs à l'environnement d'acquisition [167]. Une simple reconnaissance de forme est réalisée, elle a pour but de reconnaître la datte et la distinguer de l'arrière plan. Une fois la datte localisée les différentes caractéristiques sont calculées.

En se basant sur des recherches de l'INRAA [3] et sur la norme CEE-ONU DDP 08 concernant la commercialisation et le contrôle de la qualité commerciale des dattes entières et sur des interviews avec des concernés du domaine (agriculteurs, agronomes) de la région de Biskra, nous avons pu conclure que les caractéristiques les plus importantes qui permettent de distinguer le type d'une datte d'un autre sont :

1. Le calibre : représenté par le volume, la largeur et la longueur de la datte. Nous calculons

premièrement le centre de gravité de la datte dans l'image et ses deux axes longitudinal et transversal, puis nous calculons sa longueur et largeur mesurées en nombre de pixels et nous déduisons son volume,

2. La couleur : représentée par la couleur moyenne de la datte,

3. L'homogénéité de la datte : représentée par le pourcentage des tâches calculé à base du nombre de pixels s'écartant de plus de deux écarts type de la couleur moyenne.

Les informations extraites représentent un vecteur de caractéristiques de la datte (figure 6.3).

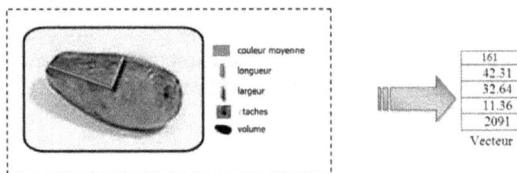

FIGURE 6.3 – Extraction des caractéristiques visuelles des dattes

6.3.3 Tests et Résultats

Pour tester notre système, nous avons pris des images d'une usine de la région de Biskra qui travaille sur six qualités différentes de dattes. Dans la table 6.2, sont présentées les classes utilisées pour les tests ainsi que le nombre d'échantillons et un exemple avec les valeurs du vecteur de caractéristiques extraits.

TABLE 6.2 – Images de dattes utilisées pour les tests

Type	Exemples	Exemple					
		Image	longueur	largeur	Volume	%tache	$Couleur$
Standard	107		34.06	15	1571	4.77	106
Fraza	92		29.15	13	1320	7.21	110
P.F Standard	44		24.19	12	867	6.8	156
P.F Fraza	40		21.59	11.18	684	10.95	95
Taché	30		28.35	13	1135	19.11	80
Boufarwa	40		32.56	16.12	1537	7.89	112

Les résultats obtenus sont réalisés sur un échantillon de 353 images de dattes de 6 qualités (Standard, Fraza, Petit fruit Standard, Petit fruit Fraza, Boufarwa, Taché). Après plusieurs essais sur cet exemple nous avons constaté que les paramètres C et σ qui donnent les meilleurs résultats sont $C = 100$ et $\sigma = 0.125$.

Après l'apprentissage du modèle, nous l'avons testé sur les mêmes exemples utilisés par l'entrainement, le taux de reconnaissance étaient de 98.85%. Pour les nouveaux exemples qui n'appartiennent pas à la base d'apprentissage la matrice de confusion de la table 6.3 montre les résultats obtenus sur dix images de chacune des six qualités déjà citées :

TABLE 6.3 – Table de confusion des résultats obtenus

	Fraza	Petit St	Petit Fr	Boufarwa	Taché	Standard
Fraza	4	0	0	4	0	2
Petit St	0	7	3	0	0	0
Petit Fr	0	2	8	0	0	0
Boufarwa	5	0	0	3	1	1
Taché	2	0	0	0	7	1
Standard	1	0	0	2	1	6

Le tableau montre que dans la plupart des cas le taux est de 60 à 80%. Les cas de mal-classifications remarqués (5 pour Boufarwa et 4 pour Fraza) sont dûs à la grande ressemblance entre les deux classes. Ces résultats sont prometteurs, en les comparant aux résultats obtenus par la sélection manuelle qui sont pratiquement imprécis et très lents. Plus de détails sur cette contribution peuvent être trouvés dans [39].

6.4 Reconnaissance des caractères manuscrits arabes

Une autre application intéressante des SVMs, que nous avons développée, est celle de reconnaissance des caractères manuscrits arabes. Notre contribution dans [164], présente une nouvelle approche de segmentation structurelle appliquée aux caractères manuscrits arabes, qui permet de reconstruire en hors-Ligne un chemin de traçage similaire à celle dans le cas d'nn-Ligne.

Notre approche utilise une technique de semi-squelettisation pour le suivi des tracés et le calcul des caractéristiques des caractères. Avec l'utilisation de la méthode SVM, nous avons pu atteindre des taux de reconnaissance très intéressants en des temps très réduits. En le comparant à des travaux similaires, ce travail peut être utilisé efficacement pour la reconnaissance Hors-Ligne des caractères manuscrits arabes.

6.4.1 Description du système proposé

L'objectif de notre système est la reconnaissance de caractères manuscrits arabes, pour ce faire, nous passons par une succession d'opérations (figure 6.4) :

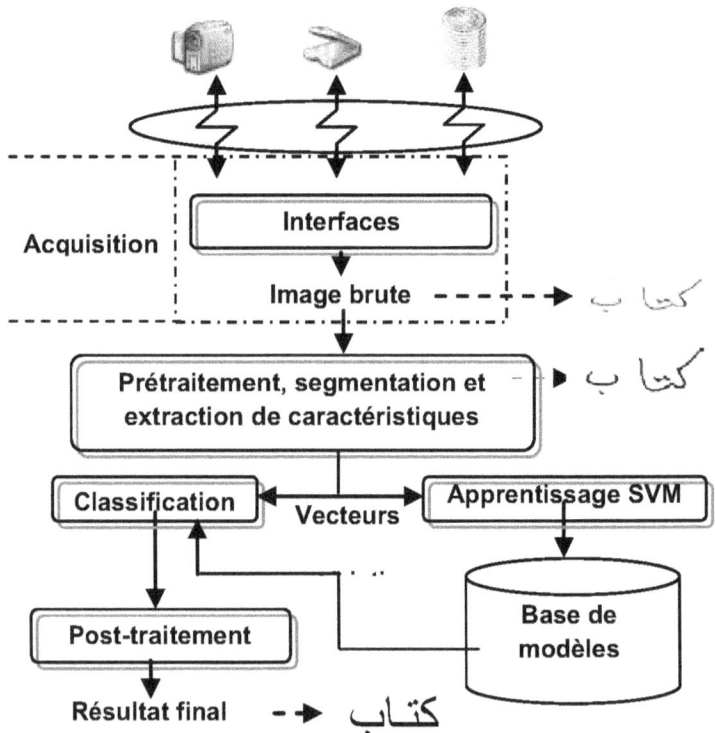

FIGURE 6.4 – Système de reconnaissance des caractères manuscrits arabes proposé

1. Acquisition : C'est la phase d'obtention de la page contenant les caractères à reconnaitre à partir d'un fichier, un scanner, une caméra, ...etc.

2. Prétraitement : Consiste en l'élimination du bruits de la page tel que les couleurs, les tâches et discontinuités dans les segments caractères à travers les opérations suivantes :

   (a) Binarisation de l'image brute,

   (b) Remplacer chaque pixel noir entouré par des pixels blanc par un pixel blanc,

   (c) Remplacer chaque pixel blanc entre deux pixels noir, que ce soit verticalement ou horizontalement, par un pixel noir.

3. Extraction des caractéristiques : Cette phase permet d'obtenir des vecteurs de caractéristiques pour les caractères de la page. Pour cela on commence par la détection des segments d'écriture puis leur fusion et division pour obtenir des caractères avec leurs caractéristiques. Caque caractère est défini par un vecteur contenant :
   - La direction de l'écriture du caractère,
   - Les tailles des segments,
   - Le nombre de boucles constituant le caractères,
   - La forme des boucles constituant le caractère (points de déviation),
   - Caractéristiques des boucles (taille, orientation, nombre de cycles,...)
   - La taille de l'image contenant le caractère,
   - Les angles entre les segments,
   - Les secteurs des angles de déviation (direction),

4. Apprentissage par SVM : Dans cette phase, nous construisons, à partir d'un ensemble de textes manuscrits arabes une base de données contenant les caractères arabes et leurs vecteurs de caractéristiques. Un modèle de décision est ensuite obtenu par la méthode SVM multiclasse décrite dans le chapitre 2.

5. Classification : Dans cette phase, nous prenons une page manuscrite, on extrait les vecteurs de caractéristiques des caractères qui la compose, puis on utilise le modèle de décision obtenu dans la phase d'apprentissage pour les reconnaitre.

6. Synthèse de résultat : On génère dans cette phase un fichier de structure texte, XML, DOC ou PDF contenant les caractères reconnus.

6.4.2 Résultats

La validation de ce système a été faite par son entrainement sur des exemples que nous avons pris de différentes écritures. Les tests ont donné des taux de reconnaissance entre 72 et 100%, ce qui représente des taux intéressants en comparant à d'autre systèmes d'OCR présentés dans [7, 2, 71].

Plus de détails concernant cette application peuvent être trouvés dans nos papiers [164] et [165].

6.5 Conclusion

Ce chapitre a été consacré à la présentation de quelques applications de la méthode SVM que nous avons étudiées. Ces implémentations montrent la grande capacité de généralisation de la méthode même avec un nombre réduits d'exemples et sa souplesse d'utilisation pour les différentes applications de classification.

Chapitre 7

Conclusion générale

7.1 Bilan et contributions

L'objectif de nos travaux de thèse est d'étudier la méthode des machines à vecteurs supports et ses utilisations possibles dans le domaine d'analyse des bases de données.

Les SVMs représentent une méthode d'apprentissage statistique caractérisée par un background théorique solide qui leur a permis l'extension vers plusieurs variantes. Les SVMs sont marquées par une grande capacité de généralisation et une convergence assurée qui les placent au premiers rangs des outils d'analyse en datamining.

Le data mining, en pleine évolution, connaît encore des difficultés pour la manipulation des bases de données dans ses différents niveaux d'analyse. D'une part, la grande quantité de données enregistrées dans ces bases de données est devenue insupportables par la plupart des algorithmes d'analyse, et d'autre part, les données symboliques enregistrées dans ces bases de données posent des difficultés pour beaucoup de ces algorithmes.

Nous avons dégagé de cette étude deux niveaux essentiels du processus de data mining qui peuvent profiter des capacités des machines à vecteurs supports, pour surmonter ces problèmes : le niveau préparation et le niveau extraction des connaissances.

Le niveau préparation utilise les SVMs pour les tâches suivantes :

– Le lissage des données : en utilisant la variante SVR, pour estimer une fonction représentant la variation d'un attribut numérique en fonction des autres attributs. Les valeurs de l'attribut sont ensuite remplacées par les images retournées par la fonction de régression. Les avantages des SVRs par rapport aux autres méthodes de régression sont, premièrement, leur naturelle prise en charge des problèmes de régression non linéaire à travers l'utilisation des noyaux, et deuxièmement, le fait qu'ils peuvent utiliser des attributs symboliques pour l'estimation des attributs numériques à travers l'utilisation des noyaux symboliques.

– Le remplacement et l'estimation des données manquantes, en entrainant une machine SVM sur les données complètes.

– La détection des données erronées, en utilisant la variante monoclasse pour détecter les exemples anormaux et les écarter. On peut aussi utiliser un apprentissage SVMs biclasse puis écarter les exemples mal classés ou qui se situent à l'intérieur de la marge de séparation.

– La réduction verticale des données, en triant les attributs par ordre d'importance puis éliminer itérativement les moins importants. À chaque itération, un entrainement SVM est effectué si la précision du modèle reste acceptable, on continue, sinon, on arrête.

– La réduction horizontale des données, en écartant les exemples les plus proches de la zone de séparation après un apprentissage SVM, si l'objectif de l'analyse est la séparation entre deux classes.

Dans le niveau extraction des connaissances, les SVMs peuvent être utilisée pour les tâches suivantes :

– La classification, en utilisant les variantes SVM binaire et multiclasse,

- La détection des exemples étranges (outiliers), en utilisant la variante monoclasse.
- La régression, en utilisant la variante SVR,
- Le clustering en utilisant la variante SVC,
- Le renforcement (apprentissage semi-supervisé) en utilisant la SVM tranductive.

Chacune des utilisations précédentes doit prendre en considération les spécificités des bases de données à analyser. Nous avons mis l'accent sur l'utilisation des attributs symboliques et sur le grand nombre d'exemples.

Les SVMs peuvent aussi s'intégrer facilement dans les systèmes de gestion des bases de données pour l'utilisation directe des données actualisées et faciliter leur utilisation à travers les langages d'interrogation des bases de données tels que le SQL.

C'est dans ce contexte que viennent s'intégrer nos contributions.

Notre première contribution consiste en une méthode de filtrage appelée CB-SR (Covering Based Samples Reduction). cette méthode utilise le principe des hyperplans dans un contexte local pour vérifier la visibilité des exemples les uns vis-à-vis des autres dans l'espace des caractéristiques. Les exemples non visibles aux exemples de la classe opposée sont écartés de l'entrainement. Cette méthode nous a permis de réduire considérablement le temps nécessaire à l'entrainement des SVMs comparativement aux méthdes SVMs classiques et à d'autres méthodes de réduction.

Notre deuxième contribution vise à accélérer la méthode SVM multiclasse par la proposition d'une méthode appelée OCBM-SVM (One Class Based Multiclass SVM). Contrairement aux méthodes de la littérature qui étendent les SVMs binaires pour résoudre le cas multiclasse, notre méthode étend le SVM monoclasse. Pour chaque classe un hyperplan monoclasse, séparant cette classe du reste de l'espace, est appris. Les hyperplans sont ensuite décalés chacun vers l'exemple le plus proche des autres classes pour améliorer leur précision dans le cas multiclasse. Cette solution a permis d'accélérer les phases d'entrainement et de classification ainsi que la taille du modèle de décision obtenu en la testant sur des exemples artificiels et réels.

La dernière contribution consiste en trois applications de la méthode SVM : Une calculatrice vocale, un système de tri automatique des dattes et un système de reconnaissance des caractères manuscrits arabes.

7.2 Perspectives de recherche

Bien que les méthodes que nous avons proposées améliorent les performances de la méthode SVM face aux grandes bases de données, elle peuvent être améliorées davantage pour plus d'optimisation.

La méthode CB-SR de réduction d'exemples peut être améliorée par les points suivants :
- L'automatisation du calcul du paramètre ρ contrôlant le taux de filtrage. La valeur optimale de ce paramètre peut être calculée à partir des données en analysant les distances des exemples des différents hyperplans locaux.
- La méthode de régression SVR peut être optimisée par une méthode de réduction semblable à la méthode CB-SR. Dans ce cas les exemples écartés sont ceux les plus proches de l'hyperplan, puisque ce sont les exemples les moins influant sur l'hupertube. Le même hypertube peut être trouvé en utilisant uniquement les exemples externes. La notion de couverture définie dans la méthode CB-SR pour la classification binaire peut être redéfinie dans le cas de SVR.
- L'extension de la méthode CB-SR au cas multiclasse. On peut utiliser directement la méthode CB-SR dans les méthodes 1vs1 et 1vsR pour leur optimisation. Comme on peut filtrer initialement les exemples de toutes les classes, en écartant les exemples couverts par rapports à toutes les autres classes.

De la méthode OCBM-SVM, on peut dégager au moins deux points d'extension :

– Le paramètre v de pénalisation des multiplicateurs de Lagrange, dans le problème dual de l'équation (2.43) de la méthode SVM monoclasse, a une grande influence sur la capacité de généralisation de la méthode. Dans notre méthode OCBM-SVM, nous l'avons considéré constant pour toutes les classes, et nous l'avons calculé d'une façon empirique. Une étude détaillée de son influence sur les performances de notre méthode peut l'améliorer davantage.

– Le décalage des hyperplans dans notre méthode a été considéré comme étant la moitié de la distance entre l'exemple mal classé le plus loin de l'hyperplan monoclasse et l'exemple des autres classes le plus proche de cet hyperplan (équation 5.1). En pratique, la généralisation est influencée plus par les autres classes, que par la classe considérée. La prise en compte de cette remarque lors de calcul des décalages peut améliorer davantage la méthode proposée.

Par rapports au différents problèmes évoqués dans cette thèse, plusieurs chantiers de recherche sont encore ouverts :

– Le réglage automatique des paramètres C et σ pour le noyau Gassien est encore un problème ouvert. La résolution du problème peut faciliter davantage l'utilisation de la méthode SVM.

– L'accélération des SVMs offline nécessite davantage de recherche vue la croissance rapide des volumes des bases de données à analyser.

– L'utilisation des SVMs pour le clustering est encore timide devant les autres méthodes. Le clustering est effectué dans l'espace d'origine grâce à la méthode SVM monoclasse, mais l'affectation des clusters souffre encore de plusieurs lacunes.

– Les SVMs online sont très rapides, cependant leur précision est modeste comparée aux SVMs offline. Leur précision nécessite d'être améliorée.

Bibliographie

[1] S. Abe. Analysis of multiclass support vector machines. In *International Conference on Computational Intelligence for Modelling Control and Automation*, pages 385–396, 2003.

[2] A. Aburas and S.M.A. Rehiel. Off-line omni-style handwriting arabic character recognition system based on wavelet compression. *ARISER, Citeseer*, 3(4) :123–135, 2007.

[3] S. Achourene, M. Tama, and B. Taleb. Characterization, evaluation of the quality of dates and identification of rare varieties of date palm in the region of zibans. Technical report, INRAA Station Sidi-mehdi, Touggourt, Algeria, 1997.

[4] M.M. Adankon. *Apprentissage semi-supervisé pour les SVMS et leurs variantes.* PhD thesis, Ecole de technologie supérieure, Montréal, 2009.

[5] R. Agrawal, R. Srikant, et al. Fast algorithms for mining association rules. In *Proc. 20th Int. Conf. Very Large Data Bases, VLDB*, volume 1215, pages 487–499. Citeseer, 1994.

[6] A. Agrawala. Learning with a probabilistic teacher. *IEEE Transactions on Information Theory*, 16(4) :373–379, 1970.

[7] S. Alma'adeed, C. Higgens, and D. Elliman. Recognition of off-line handwritten arabic words using hidden markov model approach. In *Pattern Recognition, 2002. Proceedings. 16th International Conference on*, volume 3, pages 481–484. IEEE, 2002.

[8] G. Anthony, H. Gregg, and M. Tshilidzi. Image classification using svms : One-against-one vs one-against-all. In *28th Asian Conference on Remote Sensing*, 2007.

[9] A. Arslan. A new training method for support vector machines : Clustering k-nn support vector machines. *Expert Systems with Applications*, 35(3) :564–568, october 2008.

[10] M. Arun Kumar and M. Gopal. Fast multiclass svm classification using decision tree based one-against-all method. *Neural processing letters*, 32(3) :1–13, December 2010.

[11] M. Arun Kumar and M. Gopal. Reduced one-against-all method for multiclass svm classification. *Expert Systems with Applications*, 2011.

[12] S. Aseervatham. *Apprentissage à base de Noyaux Sémantiques pour le Traitement de Données Textuelles.* PhD thesis, Université Paris 13 Institut Galilée, 2007.

[13] M. Bala and RK Agrawal. Optimal decision tree based multi-class support vector machine. *Informatica*, 35 :197–209, 2011.

[14] R.M. Balabin and E.I. Lomakina. Support vector machine regression (svr/ls-svm)an alternative to neural networks (ann) for analytical chemistry ? comparison of nonlinear methods on near infrared (nir) spectroscopy data. *Analyst*, 2011.

[15] D. Basak, S. Pal, and D.C. Patranabis. Support vector regression. *Neural Information Processing-Letters and Reviews*, 11(10) :203–224, 2003.

[16] M. Bellanger. *Traitement numérique du signal : théorie et pratique.* Dunod, 2002.

[17] A. Ben-Hur, D. Horn, H.T. Siegelmann, and V. Vapnik. Support vector clustering. *The Journal of Machine Learning Research*, 2 :125–137, 2002.

[18] A. Ben Ishak. *Sélection de variables par les machines à vecteurs supports pour la discrimination binaire et multiclasse en grande dimension*. PhD thesis, Université de Tunis, 2007.

[19] K.P. Bennett and A. Demiriz. Semi-supervised support vector machines. In *Advances in neural information processing systems conference*, volume 11, page 368. The MIT Press, 1999.

[20] A. Berson and S.J. Smith. *Data warehousing, data mining, and OLAP*. McGraw-Hill, Inc., 1997.

[21] D. Bhatnagar and A.K. Saxena. An optical neural network model for mining frequent itemsets in large databases. *Indian Journal of Computer Science and Engineering*, 2(2) :212–217, 2011.

[22] L. Billard and E. Diday. *Symbolic data analysis : conceptual statistics and data mining*. Wiley, 2006.

[23] A. Blum and T. Mitchell. Combining labeled and unlabeled data with co-training. In *Proceedings of the eleventh annual conference on Computational learning theory*, pages 92–100. ACM, 1998.

[24] A. Bordes. *Nouveaux Algorithmes pour l'Apprentissage de Machines à Vecteurs Supports sur de Grandes Masses de Données*. PhD thesis, Université Paris VI, Pierre et Marie Curie, 2010.

[25] A. Bordes and L. Bottou. The huller : a simple and efficient online svm. *Machine Learning : ECML 2005*, pages 505–512, 2005.

[26] B.E. Boser, I.M. Guyon, and V.N. Vapnik. A training algorithm for optimal margin classifiers. In *Proceedings of the fifth annual workshop on Computational learning theory*, pages 144–152. ACM, 1992.

[27] L.J. Cao, S.S. Keerthi, C.J. Ong, J.Q. Zhang, U. Periyathamby, X.J. Fu, and H.P. Lee. Parallel sequential minimal optimization for the training of support vector machines. *IEEE Transactions on Neural Networks*, 17(4) :1039–1049, 2006.

[28] C.C. Chang and C.J Lin. LIBSVM : A library for support vector machines. *ACM Transactions on Intelligent Systems and Technology*, 2 :27 :1–27 :27, 2011. Software disponible à http://www.csie.ntu.edu.tw/~cjlin/libsvm.

[29] O. Chapelle, B. Scholkopf, and A. Zien (Ed.). *Semi-Supervised Learning*. MIT Press, 2006.

[30] P. Chapman, J. Clinton, R. Kerber, T. Khabaza, T. Reinartz, C. Shearer, and R. Wirth. Crisp-dm 1.0 step-by-step data mining guide. *CRISP-DM consortium*, August 2000.

[31] V. Cherkassky and F.Mulier. *Learning from data : Concepts, Theory, and Methods*. Edition Wiley, 2007.

[32] R. Collobert and S. Bengio. Svmtorch : Support vector machines for large-scale regression problems. *The Journal of Machine Learning Research*, 1 :143–160, 2001.

[33] Oracle Corp. Oracle data mining concepts, 11g release 1 (11.1). 2005.

[34] R.G. Cowell. *Probabilistic networks and expert systems*. Springer Verlag, 1999.

[35] K. Crammer and Y. Singer. On the algorithmic implementation of multiclass kernel-based vector machines. *The Journal of Machine Learning Research*, 2 :265–292, 2002.

[36] N. Cristianini and J. Shawe-Taylor. *An Introduction to Support Vector Machines and ther Kernel-Based Learning Methods*. Cambridge University Press, 2000.

[37] T. Damoulas and M.A. Girolami. Pattern recognition with a bayesian kernel combination machine. *Pattern Recognition Letters*, 30(1) :46–54, 2009.

[38] E. Diday and M. Noirhomme-Fraiture. *Symbolic Data Analysis and the SODAS software*. Wiley Online Library, 2008.

[39] A. Djeffal, M.C. Babahenini, and A. Taleb-Ahmed. An svm based system for automatic dates sorting. *International Review on Computers and Software (IRECOS)*, 5(4) :423–428, July 2010.

[40] A. Djeffal, M.C. Babahenini, and A. Taleb-Ahmed. Accélération de l'apprentissage svm par réduction d'exemples. In *Conférence Maghrébine d'Extraction et Gestion des Connaissances EGCM'11*, pages 32–43, 23-25 Nov 2011.

[41] A. Djeffal, M.C. Babahenini, and A. Taleb-Ahmed. A fast multi-class svm learning method for huge databases. *International Journal of Computer Science Issues IJCSI*, volume 8, Issue 5 :544–550, September 2011. `http://ijcsi.org/issues.php#fragment-3e`.

[42] A. Djeffal, M.C. Babahenini, and A. Taleb-Ahmed. A new approach to multi-class svm learning based on oc-svm for huge databases. In A. Abd Manaf et al., editor, *ICIEIS'11*, volume Part II, pages 677–690. Springer-Verlag Berlin Heidelberg, 2011.

[43] A. Djeffal, M.C. Babahenini, and A. Taleb-Ahmed. Fast support vector machine learning from large databases by samples reduction. In *5th. International Conference on Information Systems and Economic Intelligence SIIE2012*, pages 45–49, 2012.

[44] A. Djeffal, S. Regueb, and M.C Babahenini. Sélection automatique des dattes par svm. In *10ème Colloque Africain sur la Recherche en Informatique et en Mathématiques Appliquées (CARI 2010)*, pages 493–500, Yamoussoukro, Côte d'Ivoire, 18-21 Octobre 2010.

[45] U. Dogan, T. Glasmachers, and C. Igel. Fast training of multi-class support vector machines. Technical Report 03, Faculty of scince, University of Copenhagen, 2011.

[46] G. Dong and J. Pei. *Sequence data mining*. Springer-Verlag New York Inc, 2007.

[47] G. Dreyfus. *Neural Networks Methodology and Applications*. Springer, 2005.

[48] L. Wang (Ed.). *Support Vector Machines : Theory and Applications*. Springer-Verlag Berlin Heidelberg, 2005.

[49] B. Efron and R. Tibshirani. Improvements on cross-validation : The. 632+ bootstrap method. *Journal of the American Statistical Association*, pages 548–560, 1997.

[50] W. Emara and M. Kantardzic. Local properties of rbf-svm during training for incremental learning. 2009.

[51] A. Farag and R.M. Mohamed. Regression using support vector machines : Basic foundations. Technical report, CVIP Laboratory, University of Louisville, 2004.

[52] M.C. Ferris and T.S. Munson. Interior-point methods for massive support vector machines. *SIAM Journal on Optimization*, 13(3) :783–804, 2003.

[53] G.W. Flake and S. Lawrence. Efficient svm regression training with smo. *Machine Learning*, 46(1) :271–290, 2002.

[54] A. Frank and A. Asuncion. *UCI Machine Learning Repository [http ://archive.ics.uci.edu/ml]*. Irvine, CA, University of California, School of Information and Computer Science, 2010.

[55] G. Fung and O.L. Mangasarian. Incremental support vector machine classification. In *Proceedings of the second SIAM international conference on data mining*, pages 247–260. Citeseer, 2002.

[56] G. Gan, J. Wu, and Z. Yang. A genetic fuzzy k-modes algorithm for clustering categorical data. *Expert Systems with Applications*, 36(2) :1615–1620, 2009.

[57] A. Ganapathiraju, J.E. Hamaker, and J. Picone. Applications of support vector machines to speech recognition. *IEEE Transactions on Signal Processing*, 52(8) :2348–2355, 2004.

[58] T. Glasmachers. *Gradient Based Optimization of Support Vector Machines*. PhD thesis, Institut fur Neuroinformatik Ruhr-Universitat Bochum, 2008.

[59] Y. Guermeur. Svm multiclasses, théorie et applications. *Habilitation à diriger des recherches, Université Henri Poincaré, France*, 2007.

[60] I. Guyon, B. Boser, and V. Vapnik. Automatic capacity tuning of very large vc-dimension classifiers. In *Advances in neural information processing systems*. Citeseer, 1993.

[61] F.M. Ham, I. Kostanic, F.M. Ham, and F. Ham. *Principles of neurocomputing for science and engineering*. McGraw-Hill New York, 2001.

[62] L. Hamel. *Knowledge discovery with support vector machines*. Wiley Edition, 2009.

[63] J. Han, H. Cheng, D. Xin, and X. Yan. Frequent pattern mining : current status and future directions. *Data Mining and Knowledge Discovery*, 15(1) :55–86, 2007.

[64] J. Han, M. Kamber, and J. Pei. *Data mining : concepts and techniques*. Morgan Kaufmann Pub, 2011.

[65] L.E.I Han-sheng and G. Venu. Half-against-half multi-class support vector machines. In *Proc of the 6th International Workshop on MCS*, volume 5, pages 156–164, 2005.

[66] D.J. Hand, H. Mannila, and P. Smyth. *Principles of data mining*. The MIT press, 2001.

[67] S. Haykin. *Neural networks : a comprehensive foundation*. Prentice hall, 1999.

[68] R. Herbrich. *Learning Kernel Classifiers : Theory and Algorithms*. MIT Press, 2002.

[69] K. Hoff, M. Tech, T. Lingner, R. Daniel, B. Morgenstern, and P. Meinicke. Gene prediction in metagenomic fragments : a large scale machine learning approach. *BMC bioinformatics*, 9(1) :217, 2008.

[70] T. Huang, V. Kecman, and I. Kopriva. *Kernel Based Algorithms for Mining Huge Data Sets*. Springer-Verlag Berlin Heidelberg, 2006.

[71] I.A. Jannoud. Automatic arabic hand written text recognition system. *American Journal of Applied Sciences*, 4(11) :857–864, 2007.

[72] T. Joachims. Svm light. Software disponible à `http://svmlight.joachims.org/`.

[73] T. Joachims. Text categorization with support vector machines : Learning with many relevant features. Technical Report LS VIII, Universitat Dortmund, Germany, 1997.

[74] V. Kaceman. *Learning and soft computing : support vector machines, neural networks, and fuzzy logic models*. MIT Press, 2001.

[75] M. Kantardzic. *Data mining : concepts, models, methods, and algorithms*. Wiley-Interscience, 2003.

[76] M. Karasuyama and I. Takeuchi. Multiple incremental decremental learning of support vector machines. *Neural Networks*, 21(7) :1048–1059, 2010.

[77] W. Karush. Minima of functions of several variables with inequalities as side constraints. Master's thesis, Dept. of Mathematics, Univ. of Chicago, 1939.

[78] S. Katagiri and S. Abe. Incremental training of support vector machines using hyperspheres. *Pattern recognition letters*, 27(13) :1495–1507, 2006.

[79] K. Kim. Financial time series forecasting using support vector machines. *Neurocomputing*, 55(1-2) :307–319, 2003.

[80] S. Knerr, L. Personnaz, J. Dreyfus, et al. Single-layer ll learning revisited : A stepwise procedure for building and training a neural network. *Optimization Methods and Software*, 1 :23–34, 1990.

[81] H. König. *Eigenvalue distribution of compact operators*. Birkhäuser Verlag BaselBostonStuttgart, 1986.

[82] K.B. Korb and A.E. Nicholson. *Bayesian Artificial Intelligence*. CRC Press, 2004.

[83] U.H.G. Kreßel. Pairwise classification and support vector machines. In *Advances in Kernel Methods*, pages 255–268. MIT Press, 1999.

[84] S. Kudyba. *Managing data mining : advice from experts*. CyberTech Publishing, 2004.

[85] H.W. Kuhn and A.W. Tucker. Nonlinear programming. In University of California Press, editor, *2nd Berkeley Symposium on Mathematical Statistics and Probabilistics*, pages 481–492, 1951.

[86] D.T. Larose. *Data mining methods and models*. Wiley Online Library, 2006.

[87] H.J. Lee, S.I. Hwang, S. Han, S.H. Park, S.H. Kim, J.Y. Cho, C.G. Seong, and G. Choe. Image-based clinical decision support for transrectal ultrasound in the diagnosis of prostate cancer : comparison of multiple logistic regression, artificial neural network, and support vector machine. *European radiology*, 20(6) :1476–1484, 2010.

[88] S.H. Lee and K.M. Daniels. Cone cluster labeling for support vector clustering. In *Proceedings of the Sixth SIAM International Conference on Data Mining*, volume 124, page 484. Society for Industrial Mathematics, 2006.

[89] Y.J. Lee and O.L. Mangasarian. Rsvm : Reduced support vector machines. In *Proceedings of the first SIAM international conference on data mining*, pages 00–07. SIAM Philadelphia, 2001.

[90] C. Leslie, E. Eskin, and W.S. Noble. The spectrum kernel : A string kernel for svm protein classification. In *Proceedings of the Pacific Symposium on Biocomputing*, volume 7, pages 566–575. Hawaii, USA., 2002.

[91] Q. Li, Q. Meng, J. Cai, H. Yoshino, and A. Mochida. Predicting hourly cooling load in the building : A comparison of support vector machine and different artificial neural networks. *Energy Conversion and Management*, 50(1) :90–96, 2009.

[92] Z.W. Li, J.P Zhang, and J. Yang. A heuristic algorithm to incremental support vector machine learning. In *Proceedings of 2004 International Conference on Machine Learning and Cybernetics*, volume 3, pages 1764–1767. IEEE, 2004.

[93] H. Lin and J.P. Yeh. Optimal reduction of solutions for support vector machines. *Expert Systems with Applications*, 214(329-335) :329–335, 2009.

[94] W.Y. Liu, K. Yue, and J.D. Zhang. Augmenting learning function to bayesian network inferences with maximum likelihood parameters. *Expert Systems with Applications*, 36(2) :3497–3504, 2009.

[95] X.Z. Liu and G.C. Feng. Kernel bisecting k-means clustering for svm training sample reduction. In *19th International Conference on Pattern Recognition*, pages 1–4. IEEE, 2008.

[96] Y. Liu, R. Wang, Y. Zeng, and H. He. An improvement of one-against-all method for multiclass support vector machine. In *4th International Conference : Sciences of Electronic, Technologies of Information and telecommunications*, pages 25–29, TUNISIA, 2007.

[97] H. Lodhi, C. Saunders, J. Shawe-Taylor, N. Cristianini, and C. Watkins. Text classification using string kernels. *The Journal of Machine Learning Research*, 2 :419–444, 2002.

[98] K.P Somanand R. Loganathan and V. Ajay. *Machine learning with SVM and other kernel methods*. Eastern Economy Edition, 2009.

[99] G. Loosli, S. Canu, and L. Bottou. Svm et apprentissage des très grandes bases de données. In *Conférence sur l'apprentissage*, Tregastel, France, 22-24 May 2006.

[100] A. Mathur M. G. Foody. A relative evaluation of multiclass image classification by support vector machines. *IEEE Transactions on Geoscience and Remote Sensing*, 42, 1335-1343 2004.

[101] J. Ma, J. Theiler, and S. Perkins. Accurate on-line support vector regression. *Neural Computation*, 15(11) :2683–2703, 2003.

[102] A. Martins. String kernels and similarity measures for information retrieval. Technical report, Citeseer, 2006.

[103] J. Mercer. Functions of positive and negative type, and their connection with the theory of integral equations. *Philosophical Transactions of the Royal Society of London. Series A, Containing Papers of a Mathematical or Physical Character*, 209 :415–446, 1909.

[104] B.L. Milenova, J.S. Yarmus, and M.M. Campos. Svm in oracle database 10g : removing the barriers to widespread adoption of support vector machines. In *Proceedings of the 31st international conference on Very large data bases*, pages 1152–1163. VLDB Endowment, 2005.

[105] B.L. Milenova, J.S. Yarmus, M.M. Campos, and M.A. McCracken. Support vector machines in a relational database management system, jul. 21,2009 2009. US Patent 7,565,370.

[106] M. Moavenian and H. Khorrami. A qualitative comparison of artificial neural networks and support vector machines in ecg arrhythmias classification. *Expert Systems with Applications*, 37(4) :3088–3093, 2010.

[107] K. Muller, A. Smola, G. Rutsch, B. Scholkopf, J. Kohlmorgen, and V. Vapnik. Predicting time series with support vector machines. *Artificial Neural NetworksICANN'97*, pages 999–1004, 1997.

[108] B.A. Murtagh and M.A. Saunders. Large-scale linearly constrained optimization. *Mathematical Programming*, 14(1) :41–72, 1978.

[109] U.Y. Nahm, M. Bilenko, and R.J. Mooney. Two approaches to handling noisy variation in text mining. In *Proceedings of the ICML-2002 workshop on text learning (TextML2002)*, pages 18–27. Citeseer, 2002.

[110] Site officiel de Compac sort. www.compacsort.com.

[111] E. Osuna, R. Freund, and F. Girosi. An improved training algorithm for support vector machines. In *Proceedings of the VIIth IEEE Workshop on Neural Networks for Signal Processing*, pages 276–285. IEEE, 1997.

[112] E. Osuna, R. Freund, and F. Girosi. An improved training algorithm for support vector machines. In *Proceedings of the VIIth IEEE Workshop on Neural Networks for Signal Processing*, pages 276–285. IEEE, 1997.

[113] H.S. Park and C.H. Jun. A simple and fast algorithm for k-medoids clustering. *Expert Systems with Applications*, 36(2) :3336–3341, 2009.

[114] J.S. Park, M.S. Chen, and P.S. Yu. Efficient parallel data mining for association rules. In *Proceedings of the fourth international conference on Information and knowledge management*, pages 31–36. ACM, 1995.

[115] F. Parrella. *Online Support Vector Machines for Regression*. PhD thesis, Department of Information Science, University of Genoa Italy, 2007.

[116] F. Parrella. Online support vector regression. Master's thesis, Department of Information Science, University of Genoa, Italy, 2007.

[117] J. Platt et al. Sequential minimal optimization : A fast algorithm for training support vector machines. *Advances in Kernel Methods-Support Vector Learning*, 208 :98–112, 1999.

[118] J.C. Platt, N. Cristianini, and J. Shawe-Taylor. *Advances in Neural Information Processing Systems*, volume 12, chapter Large margin DAGs for multiclass classification, pages 547–553. MIT Press, 2000.

[119] P. Poncelet, F. Masseglia, and M. Teisseire. *Data mining patterns : new methods and applications*. Information Science Reference-Imprint of : IGI Publishing, 2007.

[120] P. Preux. Fouille de données, notes de cours. *Disponible sur internet*, 2006.

[121] D. Pyle. *Data preparation for data mining*, volume 1. Morgan Kaufmann, 1999.

[122] R. Rakotomalala. Arbres de décision. *Revue Modulad*, 33 :163–187, 2005.

[123] Y. Ren and S. Mei. A svm incremental learning algorithm based on hull vectors and center vectors. In *Sixth International Conference on Natural Computation (ICNC)*, volume 2, 2010.

[124] R. Rifkin and A. Klautau. In defense of one-vs-all classification. *The Journal of Machine Learning Research*, 5 :101–141, 2004.

[125] V. Russo. State of the art clustering techniques : Support vector methods and minimum bregman information principle. Master's thesis, University "Federico II" of Naples, Faculty of Mathematical, Physical and Natural Sciences, 2007.

[126] A. Savasere, E. Omiecinski, and S. Navathe. An efficient algorithm for mining association rules in large databases. In *The 1995 international conference on very large data bases (VLDB95*, page 432443, 1995.

[127] N. Scaringella and D. Mlynek. A mixture of support vector machines for audio classification. *Music Information Retrieval Evaluation Exchange (MIREX)*, 2005.

[128] T. Scheffer and R. Herbrich. Unbiased assessment of learning algorithms. In *International Joint Conference on Artificial Intelligence*, volume 15, pages 798–803. Lawrence Erlbaum Associates LTD, 1997.

[129] M. Schmidt and H. Gish. Speaker identification via support vector classifiers. In *icassp*, pages 105–108. IEEE, 1996.

[130] B. Scholkopf and A.J. Smola. *Learning with Kernels Support Vector Machines, Regularization, Optimization, and Beyond*. MIT Press, 2002.

[131] F. Schwenker. Hierarchical support vector machines for multi-class pattern recognition. In *Knowledge-Based Intelligent Engineering Systems and Allied Technologies, 2000. Proceedings. Fourth International Conference on*, volume 2, pages 561–565. IEEE, 2000.

[132] F. Schwenker. Solving multi-class pattern recognition problems with tree-structured support vector machines. *Pattern Recognition*, pages 283–290, 2001.

[133] N. Seo. A comparison of multi-class support vector machine methods for face recognition. Technical report, The University of Maryland, Dec 2007.

[134] H. Shafri and F. Ramle. A comparison of support vector machine and decision tree classifications using satellite data of langkawi island. *Inform. Technol. J*, 8 :64–70, 2009.

[135] J. Shawe-Taylor and N. Cristianini. *Kernel methods for pattern analysis*. Cambridge Univ Pr, 2004.

[136] A. Shigeo. *Support Vector Machines for Pattern Classification*. Springer-Verlag London Limited, 2005.

[137] S.J. Simoff, M.H. Bohlen, and A. Mazeika. *Visual data mining : theory, techniques and tools for visual analytics*, volume 4404. Springer-Verlag New York Inc, 2008.

[138] A.J. Smola, P.L. Bartlett, B.Scholkopf, and Dale Schuurman (Ed.). *Advances in Large Margin Classifiers*. MIT Press, 2000.

[139] A.J. Smola and B. Scholkopf. A tutorial on support vector regression. *Statistics and computing*, 14(3) :199–222, 2004.

[140] I. Steinwart and A. Christmann. *Support Vector Machines*. Springer, 2008.

[141] Site sur les dattes en Arabie Saudite. www.kingdomdates.com.

[142] F. Takahashi and S. Abe. Decision-tree-based multiclass support vector machines. In *Neural Information Processing, 2002. ICONIP'02. Proceedings of the 9th International Conference on*, volume 3, pages 1418–1422. IEEE, 2002.

[143] F. Takahashi and S. Abe. Optimizing directed acyclic graph support vector machines. *ANNPR*, 2003.

[144] J. Tang, H. Li, Y. Cao, and Z. Tang. Email data cleaning. In *Proceedings of the eleventh International conference on Knowledge discovery in data mining (ACM SIGKDD)*, pages 489–498. ACM, 2005.

[145] D.M.J. Tax and R.P.W. Duin. Data domain description by support vectors. In *Proceedings ESANN*, pages 251–256, 1999.

[146] F.E.H. Tay and L. Cao. Application of support vector machines in financial time series forecasting. *Omega*, 29(4) :309–317, 2001.

[147] A. Tiwari, R.K. Gupta, and D.P. Agrawal. A novel algorithm for mining frequent item-sets from large database. *International Journal of Information Technology*, 2(2) :223–229, 2009.

[148] R.J. Vanderbei. Loqo : An interior point code for quadratic programming. *Optimization methods and software*, 11(1) :451–484, 1999.

[149] V.N. Vapnik. *Statistical Learning Theory*. Edition Wiley, 1998.

[150] V.N. Vapnik. *The nature of statistical learning theory*. Springer, 2000.

[151] S. Vishwanathan and A.J. Smola. Fast kernels for string and tree matching. *Kernel methods in computational biology*, pages 113–130, 2004.

[152] J. Wang. *Data mining : opportunities and challenges*. IGI Global, 2003.

[153] J. Wang. *Encyclopedia of data warehousing and mining*. Citeseer, 2006.

[154] L. Wang, X. Li, P. Xue, and K.L. Chan. A novel framework for svm-based image retrieval on large databases. In *Proceedings of the 13th annual ACM international conference on Multimedia*, pages 487–490. ACM, 2005.

[155] C. Wei, S.S. Keerthi, C. Jin Ong, and Z. Ghahramani. *Feature Extraction Foundations and Applications*, chapter Bayesian Support Vector Machines for Feature Ranking and Selection. Springer-Verlag Berlin Heidelberg, 2006.

[156] J. Weston and C. Watkins. Support vector machines for multi-class pattern recognition. In *Proceedings of the seventh European symposium on artificial neural networks*, volume 4, 1999.

[157] I.H. Witten and E. Frank. *Data Mining : Practical machine learning tools and techniques*. Morgan Kaufmann, 2005.

[158] Z. Wu and C. Li. *Feature Extraction Foundations and Applications*, chapter Feature Selection with Transductive Support Vector Machines. Springer-Verlag Berlin Heidelberg, 2006.

[159] T. Yamasaki and K. Ikeda. Incremental svms and their geometrical analysis. In *International Conference on Neural Networks and Brain ICNN&B'05*, volume 3, pages 1734–1738. IEEE, 2005.

[160] X.Y. Yang, J. Liu, M.Q. Zhang, and K. Niu. A new multi-class svm algorithm based on one-class svm. *Computational Science–ICCS 2007*, pages 677–684, 2007.

[161] N. Ye. *The handbook of data mining*. Lawrence Erlbaum, 2003.

[162] H. Yu, J. Yang, and J. Han. Classifying large data sets using svms with hierarchical clusters. In *Proceedings of the ninth ACM SIGKDD international conference on Knowledge discovery and data mining*, pages 306–315. ACM, 2003.

[163] F. Zaiz, A. Djeffal, and M.C. Babahenin. Speech recognition using lpc and svm statistical learning, application on a calculator. In *The International Arab Conference on Information Technology (ACIT09)*, Sanna Yemen, Dec. 2009.

[164] F. Zaiz, A. Djeffal, and M.C. Babahenin. An approach based on structural segmentation for the recognition of arabic handwriting. *Advances in Information Sciences and Services Sciences Journal (AISS)*, 2(4) :14–24, 2010.

[165] F. Zaiz, A. Djeffal, and M.C. Babahenini. Svm pour la reconnaissance des caractères manuscrits arabes. In *7ème séminaire National en Informatique de Biskra SNIB'2010*, Biskra, Algérie, 02-04 Novembre 2010.

[166] Y. Zhan and D. Shen. Design efficient support vector machine for fast classification. *Pattern Recognition*, 38(1) :157–161, 2005.

[167] L. Zhang, F. Lin, and B. Zhang. Support vector machine learning for image retrieval. In *Proceedings of International Conference on Image Processing*, volume 2, pages 721–724. IEEE, 2001.

www.ingramcontent.com/pod-product-compliance
Lightning Source LLC
Chambersburg PA
CBHW021112210326
41598CB00017B/1414